中原工学院学术专著出版基金资助

Research on Roles and Policies of Chinese Government to Promote the Construction of Corporate Social Responsibility for Small and Medium-sized Enterprises

我国政府在推进中小企业社会责任建设中的角色与政策

王 喜◎著

经济管理出版社

ECONOMY & MANAGEMENT PUBLISHING HOUSE

图书在版编目（CIP）数据

我国政府在推进中小企业社会责任建设中的角色与政策/王喜著.—北京：经济管理出版社，2020.8

ISBN 978-7-5096-7404-8

Ⅰ.①我…　Ⅱ.①王…　Ⅲ.①国家行政机关—关系—中小企业—企业责任—社会责任—研究—中国　Ⅳ.①D630.1②F279.243

中国版本图书馆 CIP 数据核字（2020）第 158086 号

组稿编辑：申桂萍
责任编辑：姜玉满
责任印制：黄章平
责任校对：董杉珊

出版发行：经济管理出版社
　　　　　（北京市海淀区北蜂窝 8 号中雅大厦 A 座 11 层　100038）
网　　址：www.E-mp.com.cn
电　　话：（010）51915602
印　　刷：北京晨旭印刷厂
经　　销：新华书店
开　　本：720mm×1000mm/16
印　　张：13.25
字　　数：238 千字
版　　次：2020 年 8 月第 1 版　2020 年 8 月第 1 次印刷
书　　号：ISBN 978-7-5096-7404-8
定　　价：68.00 元

前　言

中小企业（Small and Medium – sized Enterprises，SMEs）在我国的经济社会发展中起到重要作用。截至 2014 年，我国已存档在录的中小企业达 4200 余万家。境内 90% 以上的企业属于中小企业范畴，贡献 GDP 总量的 60% 以上。更重要的是创造 80% 的工作岗位，占据全国经济的半壁江山。中小企业为我国经济发展做出重大贡献的同时也带来与之经济总量成正比的环境污染、资源消耗和其他社会问题。与大型企业相比，中小企业的个体影响力弱，但是经营行为更直接地影响到百姓的生活。近年来由中小企业不负责任的经营行为引发了社会舆论的广泛关注，造成公众对政府管理疏忽的舆论。另外，随着在世界经济发展中的作用日益明显，国家需要在国际交往中树立起"负责任大国"的正面形象。中国成为"世界工厂"，生产的产品影响着世界半数居民的生活。我国中小企业日益融入国际贸易分工，参与国际竞争。然而，我国中小企业的不负责任行为（污染严重、血汗工厂、商业诚信），给中国的国际形象带来了负面影响，整体拉低了中国企业在世界经济中的形象，影响了中国企业的国际竞争力。在国际政治舞台上屡遭欧美国家的发难。解决上述问题，需要发挥政府的作用，但不能单单依靠政府强制用行政命令，以"运动"方式取代日常管理。重点在于找到一种政府治理机制，在发挥市场调节作用的基础上，推进中小企业履行对社会可持续发展的责任。

企业社会责任（Corporate Social Responsibility，CSR）建设逐渐成为欧美发达国家治理环境和社会问题的有效途径。越来越多的政府（欧盟、美国和日本等）将企业社会责任建设纳入政府治理体系，将企业社会责任建设作为国家战略不断推进。考虑到我国中小企业的发展情况、政治经济体制改革以及产业结构调整等因素，党和政府鼓励创业，实施以"创业带动就业"的方针，中小企业数量的增加。政府如何引导中小企业的发展，以贯彻"科学发展观"，促进人与自然、人与社会的可持续发展，这是一个考验国家治理水平和政府治理能力的问题。治理的核心思想是合作，政府与企业部门、社会部门共同应对社会可持续发展中的问题。中小企业社会责任建设为我国政府提供了一个很好的治理思路。我国政府推进中小企业社会责任建设，既是经济发展举措，又是社会治理机制。一方面，促进企业的健康发展，稳步提升我国经济发展质量；另一方面，政府与企业、社会部门合作共同解决企业经营给环境、社会可持续发展带来的阻碍，构建一套社会治理体系。

本书研究的目标是在分析我国政府推进中小企业社会责任建设的基础上，总结政府政策和管理行为的特点，找到政府在中小企业社会责任治理中的缺陷。结合我国中小企业特点，以及中小企业履行社会责任的影响因素，提出我国政府推进中小企业社会责任建设的角色战略理论，进行了模型构建并提出假设。通过实证研究，对假设进行检验，以期为我国政府未来的中小企业社会责任治理提供政策建议。本书共八章，除了第一章绪论和第八章研究结论与展望外，本书的主体为第二章到第七章。

第二章为文献综述部分。围绕中小企业社会责任建设和政府在推进企业社会责任建设中的角色理论，对国内外相关文献展开评述。

第三章对我国政府推进中小企业社会责任建设的历程和现状进行了分析。运用内容分析法，对近十年来的企业社会责任公共政策进行了分析，揭示了我国政府企业社会责任建设的治理特点。结合我国改革开放至今的中小企业发展趋势，认为政府在推进企业社会责任建设中"抓大放小"，没有明确的角色定位。政策工具"多而全"，缺乏可操作性。政府也没有完全认识到中小企业社会责任建设的重要性和特殊性，需要与大型企业、上市企业和外资企业区别对待。

第四章将合作治理视角下的政府角色理论和政府战略理论相结合，探讨我国政府推进中小企业社会责任建设中的角色战略。首先，通过政策文本计量，构建了我国政府企业社会责任治理的政策工具选择框架。其次，基于此，联系我国中小企业特点，借鉴政府企业社会责任治理的角色理论，得出我国政府推进中小企业社会责任建设中的角色定位分类——执法者角色、管治者角色、规制者角色和组织者角色。最后，将政府战略管理中的环境分析和张力分析框架从政府治理的角度出发将中小企业社会责任建设分为四种类型：底线型社会责任建设、内部员工的社会责任建设、绿色发展社会责任建设和企业社会责任理念建设。政府战略与政府角色相结合，形成我国政府推进中小企业社会责任建设的角色战略。

第五章构建了我国政府角色战略模型。首先在前人研究的基础上对我国中小企业社会责任建设提出前提假设。对不同角色的影响因素进行了系统评价。执法者角色与中小企业底线型社会责任建设相对应；管治者角色与中小企业对内部员工的社会责任相对应；规制者角色与中小企业的绿色发展社会责任相对应；组织者角色与中小企业的企业社会责任理念建设相对应。基于此，构建了我国政府推进中小企业社会责任建设的角色战略模型，并提出假设。

第六章是实证调研和数据分析部分。通过对四个省份500家中小企业进行问卷调查和访谈，对提出的假设进行检验。通过因子分析、描述性分析、主成分分析和相关性分析对问卷进行统计分析，验证假设并对我国政府角色战略对中小企业社会责任建设的推进作用进行了论述。

第七章是国外经验借鉴部分。主要是通过笔者在美国亚利桑那州交流访学期间的经历，对当地政府推进中小企业社会责任建设角色战略进行分析，总结了当地政府角色战略的原则和行动机制——以结果为导向的角色战略，希望能为我国政府提供经验借鉴。

本书研究的创新点主要体现在研究选题的前沿性、分析方法的创新和理论框架的创新。第一，选题前沿性。本书选题的最终目的在于探讨政府如何通过中小企业社会责任建设解决面临的可持续发展问题。选题将政府治理、中小企业社会责任建设相结合。打破了以往企业社会责任研究以企业为中心，将驱动因素与企业绩效相联系的研究思路。第二，分析方法的创新。本书在研究我国政府政策工具选择框架时，将工具主题和工具类型作为横纵坐标，解决了以往政策工具分析不够全面的问题。将政府战略环境分析和议题张力分析纳入政府角色研究，从政府和企业的双向视角，研究我国政府推进中小企业社会责任建设的角色。第三，理论框架的创新。本书提出了我国政府推进中小企业社会责任建设的角色战略。提出政府角色和中小企业社会责任建设类型相对应，构建了政府角色战略模型，并对模型假设进行实证检验，总结了我国政府推进中小企业社会责任建设的规律。

目　录

第一章　绪论

　　"企业社会责任"这一概念被大家广泛关注。企业为增进社会福利所做的贡献应该大于其法定义务，这种思想在盎格鲁－撒克逊国家①尤其是欧盟和美国已被视为社会传统，具有悠久的历史。在欧洲，法律对许多企业对社会和自然环境的责任都做出了明确规定，在其他国家，这些责任都是自愿行为。在当前可持续发展思想主导的时代背景下，即在满足当代人需求的同时并不损害下一代人满足他们需求的机会（Brundtland Commission，1987），企业社会责任在全球盛行起来。然而，仅依靠政府的力量不能完全应对可持续发展面临的种种挑战，还需要所有社会成员尽最大努力为社会的可持续发展做出自己的贡献。因此，社会责任建设是一种可持续治理模式，它实际上是企业、社会和政府三个方面的功能整合。

　　可持续治理是指促进可持续性的制度安排或机制，政府"治理能力"是指制定并实施有利于这种安排和机制方法的参与者在形式上和实质上的能力（例如Knill Lehmkuhl，2002）。可持续治理和可持续发展治理互相关联，可持续发展治理把人与环境的互动和相互作用纳入可持续发展的战略目标，是指政府和公共权力部门依据愿景，严谨地协调人与自然的交互活动，最终目的是努力让社会发展在可持续的方向上不断前进（Meadowcroft，Farrell and Spangenberg，2005）。企业是社会的一部分，面临着一些与"可持续发展"相关的挑战。可持续发展概念源于"将自然环境保护和经济发展战略结合起来"这个观点。一般来说，可持续发展意味着经济、生态和社会发展的平衡。1992年联合国地球峰会在里约热内卢召开，与会专家和各国政府针对可持续发展建立了一系列指导性原则。企业管理领域在20世纪90年代开始引入这些原则。总而言之，私营部门在可持续发

---

　　① 人类学上指不列颠祖先的分类：盎格鲁－撒克逊族（Anglo－Saxon）、盎格鲁（Angles）和撒克逊（Saxons）两个结合的民族（大部分英国人和美国人是盎格鲁－撒克逊人后裔）。

展中的作用和责任有以下三个方面：第一，企业的运营是可持续性问题出现的原因之一，因此，企业自然应该对可持续发展承担责任；第二，企业被认为是可以为解决可持续性问题做出贡献的主体；第三，社会可以将企业的责任与它们在经济社会中的作用联系在一起。

中小企业在我国的经济社会发展中起到重要作用。截至 2014 年，我国已存档在录的中小企业达 4200 余万家。境内 90% 以上的企业属于中小企业范畴，贡献 GDP 总量的 60% 以上，更重要的是创造 80% 的工作岗位，占据全国经济的半壁江山。[①] 尽管社会责任在大多数情况下都是与大型跨国企业联系在一起的，但中小型企业在经济领域的社会参与性以及它们与当地社区的主要关系中所发挥的作用也是不可忽略的。因此，它们自愿、积极主动地履责在促进可持续发展方面也具有实质性的作用。

政府在推动企业社会责任建设过程当中发挥着重要作用，这是因为社会责任治理的"关系模式"强调了企业部门、社会大众和政府之间的三角形关系（Albareda, Lozano and Ysa, 2007），政府激励可以调节社会责任的实施，通过政策实施使得社会责任成为政府治理的一种方式。公共政策对企业社会责任起了重要的促进作用。政府治理将社会责任置于国家转型之中，提出了一种社会责任在公共治理系统中能发挥的功能：在一个国家的治理体系中，社会责任除了是一种制度外的自我规范方法之外，也可以是一种改善社会活动参与者法规遵守现状提高控制治理的手段，而且还可以引导现有的以激励为基础的社会责任监管机制的发展[②]。

第一节　研究背景与意义

中国已经成为世界上最具影响力的大国，其经济发展水平和增长速度是世界各国关注的重点。我国中小企业在全球经济产业分工中扮演着日益重要的角色，中小企业社会责任治理问题受到国内外政府的广泛关注。同时，中国也在经受产业转型、社会快速发展带来的挑战。在国内，中小企业社会责任与许多社会问题

---

① 《中国中小企业社会责任指南》，中小企业合作发展促进中心（中小企业全国理事会），2013。

② CBSR, Government and Corporate Social Responsibility. An Overview of Selected Canadian, European and International Practices, Canadian Business for Social Responsibility, Vancouver, 2001.

相联系。因此，我国政府需要转变政府角色，推进中小企业社会责任建设的相关研究具有重要的现实意义和理论价值。

一、研究背景

（一）现实背景

1. 中小企业社会责任建设是促进社会可持续发展的关键因素

（1）企业社会责任建设日益成为政府的治理工具。放眼全世界，发达经济体如美国、英国、德国、法国和日本等，以及新兴经济体如中国、巴西、新加坡等，这些国家都不同程度地面临社会和环境的挑战。发达经济体面临人口老龄化、劳动力蓄力不足、社会分层、资源能源紧张等问题，当然环境问题也是其中之一。只是发达国家在百年前就遇到了环境问题，经过一代又一代人的努力，环境问题得以有效缓解。以中国为代表的新兴经济体，主要面临的是环境恶化、民众生活质量不稳定、企业行为不规范造成的企业与公众的摩擦等问题。这些问题是经济社会发展中不可避免的，发达国家在数十年前也都经历过。他们处理可持续发展问题的方式是寻找一个合作伙伴，借助它们的力量对公众产生影响。欧美国家的政府推进企业社会责任建设由此产生。社会系统基本由三大部分构成：政府、企业、公众。欧美国家崇尚个人权利，政府对选民负责，不便于直接向公众施压。政府选择企业作为合作伙伴，让企业为促进可持续发展做出贡献。这就是最早的社会责任概念。生产决定消费，企业的社会责任行为给公众提供了绿色消费的机会，带动更多的人参与社会可持续进程。

欧洲联盟（European Union，EU）的社会责任定义是企业平等自愿选择把与企业经营活动相关的社会和环境议题纳入企业的利益相关者互动活动中[①]。这一定义从表面上看是给企业增加了负担，原先属于政府工作的社会治理和环境保护任务被转移到企业头上。实际上是政府与企业分权、合作治理的结果。政府降低行政成本，企业在社会中的存在感增强，社会责任成为政府新的治理工具，与以往的立法、管治相比显得更加民主、公平。

（2）中小企业社会责任建设是提升国家治理能力的有效途径。党的十八大提出推进国家治理能力现代化，政府治理能力的建设受到广泛关注，未来的治理越来越强调政府与多元社会主体的合作。随着环境和社会问题的不断涌现，对各国政府现有的治理模式带来挑战，"可持续治理"作为政府的一种"新治理"理

---

① 欧盟委员会（European Commission）也提出了企业社会责任的概念，强调自愿和对利益相关者的尊重，对企业履行高层次的企业社会责任提出期望。

念在治理理论体系中脱颖而出，为公共管理学者、公共管理实践者提供了新的视角和理念。"可持续治理"隐含两个核心思想——"治理可持续发展中的问题"和"政府治理的可持续"。"可持续治理"需要政府与企业、社会之间的合作，企业社会责任将三者有效结合起来，为政府、企业、社会公众之间的合作治理提供了渠道。

（3）中小企业履行企业社会责任是实现社会和谐的关键因素。人与人、人与自然的和谐、融洽相处是达成社会可持续发展的基本要求。中小企业履行社会责任，能够缓和社会关系，提升生态保护水平。企业社会责任的实质是一种资源配置机制，企业作为社会组织，拥有一定数量的内部利益相关者和外部利益相关者。企业履行对内部员工的社会责任势必改善组织内部人与人之间的和谐，进而影响内部利益相关者社会关系外延的和谐程度（例如家庭）。中小企业履行企业对外部利益相关者、社区的责任，是缓和中小企业与公众、政府之间的关系，改善中小企业对环境造成损害的有效途径。

（4）企业社会责任建设作为一种制度创新促进社会可持续发展。社会责任利用企业与自然环境（如含有稀有资源的基地、能源和废料池）的互动，将社会凝结成一个集体（成为社会规范的维护者和公共商品的提供者）。企业运营对资源能源，以及环境都产生了消耗，对社会环境施加影响。反过来企业承担社会结构中的经济功能，用生产、交换、雇佣三种方式为人类生活提供物质保障。社会责任是在这种保障外加上制度的外衣，使商品质量、员工待遇和环境得到更好的提升。这是一种制度创新，在不增加政府、企业和劳动者三方负担的前提下实现了社会福利的提升。从整体来看，政府、企业和劳动者形成链条，总体福利在三者之间循环（Aldrich，1979；Di Maggio and Powell，1983）。从宏观角度来看，企业的实践可以被看作被特定的经济、社会、文化、制度结构以及信仰系统包围的。同时，企业制定和采取的秩序，也改变着这些包围着它们的事物的本质结构，这种代理和结构之间的相互作用通常被称作结构化的过程（Giddens，1984）。

（5）企业社会责任成为中小企业新的企业行为方式。正如联合国前秘书长安南所言："企业社会责任并不是要求公司做与它们正常经营不同的事情，而是要求它们以不同的方式进行正常经营。"① 可见，企业社会责任是一种新的企业行为方式，而不是企业的额外工作，并具体体现为员工新的工作方式，企业新的

---

① 中国石油．环境与社会［Blog］．中国石油网站。

运营方式、新的沟通方式和新的管理模式。波特将企业社会责任与企业价值链相结合，提出战略性企业社会责任理念，将社会责任上升为企业竞争战略的一部分。

（6）中小企业社会责任建设是国家新的战略资源。中小企业社会责任建设是"扎根于特定社会网络结构的中小企业，通过和资源、环境、社会组织、其他经济体互动过程中形成的责任综合体"，是"经济理性与社会理性相结合，形式合理性和实质合理性相统一的集合体"，中小企业社会责任建设可以避免"发展的异化"。防止经济发展和社会目标相悖，还可以有效地促进经济与社会的有机融合。中小企业履行社会责任的最终目的是促进一个国家的社会进步和经济健康发展。中小企业社会责任建设的这个特点，决定了其对于国家经济、社会发展的战略地位。中小企业在国家发展中的战略角色，决定了中小企业社会责任建设是一种战略资源。

2. 中小企业社会责任建设在全球面临挑战

尽管当前世界企业社会责任运动呈现蓬勃发展之势，并已成为推动整个社会发展和进步的战略资源，但无论是理论界、企业界还是社会各界，对于企业社会责任的认知并不一致，比如，自 2005 年开始，美国再次出现了企业社会责任大辩论，"全麦食品公司创始人和首席执行官（CEO）John Marky 先后写下 *Customers As First Priority* 和 *Means but Purpose is Business*，世界经济学泰斗弗里德曼（Friedman）在他人生末端写下一篇文章《还慈善事业一个清白》①，柏树半导体公司创始人 T. J. Roger 写下 *Profits Are All*，各方展开针锋相对的争论。② 理论研究与企业管理实践过程中，不同程度地出现了片面责任观，有人甚至是狭隘和误导性地歪曲企业社会责任观。这种趋势使得世界企业社会责任发展面临着诸多异化隐忧和倒退风险。

（1）思想悖论的主要表现是"表里不一"。一些政府和企业领导人在不同公开场合发表支持社会责任建设的言论，而回到自身工作中，并没有实施任何有利于环境和社会的行动，追求盈利仍然是企业经营的唯一原因。从对企业社会责任的理解来看，很多企业和企业领导人宣讲时都强调社会责任绝不是企业的负担，但心里想的社会责任依然是"好人好事"。

（2）战略悖论的主要表现是"纸上谈兵"。很多中小企业强调将社会责任建设纳入企业的发展战略，实际上只是将"企业社会责任"当作标语，写在了工

---

① 密尔顿·弗里德曼. 还慈善事业一个清白［J］. 中国企业家，2007（3）.
② 黄铁鹰，梁钧平. 美国企业社会责任大辩论［J］. 中国企业家，2007（5）.

厂的墙上、公司的会议室里或企业的宣传册中。中小企业本身就缺乏战略，愿景表述也相对简单，无非是达到一定的销售额，创造多少利润而已。社会责任成了中小企业一笔带过的空洞词语。

3. 我国中小企业社会责任建设缺失

改革开放以来，我国企业历经发展，成绩令人瞩目。2014 年已有 100 家中国企业进入"世界 500 强公司"大名单，中国成为"世界工厂"，"中国制造"成为中国的名片。然而，近几年来，国人更为关注的是企业产品质量问题和企业的环境污染问题，从"毒奶粉"到柴静的"苍穹之下"雾霾调查，使百姓对身边的食品安全问题、环境安全问题有了更深刻的认知，公众对政府在企业社会责任建设方面扮演的角色更加关注。另外，国内学者对企业社会责任的研究还停留在"被动研究"和微观研究的阶段。"被动研究"是指将"企业社会责任"视为企业的被动策略或应有义务，研究客体多为大型或上市企业，主张政府规制企业社会责任；微观研究是指将"企业社会责任"视为企业内部行为或战略，研究企业履行社会责任的动因、效果和价值链。

中小企业对我国经济、社会发展起到至关重要的作用，为不同层次的劳动人口提供了绝大多数的就业机会。中小企业突破峰值（截至 2014 年为 4200 余万家，占全国企业总数的 90% 以上，贡献 60% 的经济总量）。中小企业的特点明显、经营领域广，涉及利益相关者众多。因此，中小企业为公众提供了企业社会责任的最直接感知，也是公众与企业就社会责任问题展开互动沟通的便利载体。加强中小企业社会责任建设不仅有利于现有企业履行社会责任，而且为新进中小企业尤其是新型创业型中小企业树立了良好的企业社会责任意识和行为规范，有助于实现我国企业在未来经营理念的转型。

企业社会责任报告是企业社会责任建设的载体，根据社科院最近发布的《中国企业社会责任报告白皮书》，我国企业社会责任报告质量的平均得分从 2013 年的 31.7 分上升到 2014 年的 35.3 分，报告整体水平位于二星级（发展阶段），其中 50% 企业（539 家）得分低于 30 分。说明仍有一半企业处在起步阶段。如图 1-1 所示。

从国有企业、民营企业、外资企业三类性质企业的社会责任报告质量来看，国有企业和外资企业社会责任报告的质量评价得分高于民营企业得分。可以看出，国有企业和外资企业与民营企业不在同一水平，后者仍处于起步阶段。国有企业中，央属企业社会责任报告质量得分为 69.6 分。该得分处于良好（三星半）水准。如图 1-2 所示。

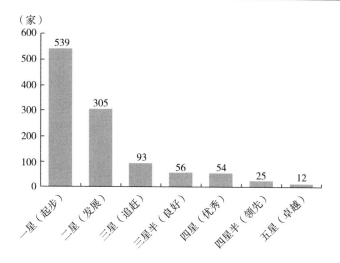

图1-1 中国企业社会责任报告力量分布

资料来源：中国社会科学院：《中国企业社会责任研究报告》，2014年。

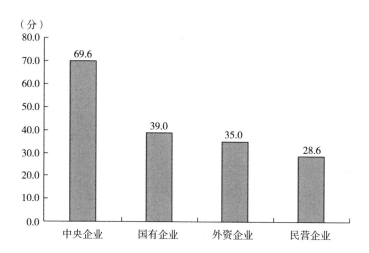

图1-2 不同性质企业的报告得分

资料来源：中国社会科学院：《中国企业社会责任研究报告》，2014年。

民营企业（非公企业）社会责任报告得分水平相对较低。这与企业的规模有关，与已有的研究结论相吻合。目前国内对企业社会责任的评价多从企业社会责任报告的内容层面考量，对于没有发布企业社会责任报告的企业缺乏实证评估。从企业社会责任政策看，中央和地方政府的企业社会责任关注的往往是具有相当经济实力和相当雇佣规模的企业，较少关注中小企业社会责任问题。

与之形成鲜明对比的是，社会媒体更多地将社会责任具体化，例如产品质量和安全、员工待遇和雇佣问题、环境污染和生态破坏，媒体对此类问题的关注点和落脚点多是中小企业。公众对企业社会责任问题的关注也多聚焦于企业对自身利益或自身所在社区的社会责任。然而，往往与公众自身利益休戚相关的是周边的中小企业。因此，我国中小企业社会责任履行的好坏，直接影响到老百姓对政府中小企业社会责任治理能力的感知。

目前来看，我国中小企业社会责任建设需要注重几个方面的问题：一是企业社会责任意识薄弱，大多中小企业还停留在资本积累的初期，缺乏对企业社会责任的重视，认为企业社会责任是企业的负担，应当在企业做强做大后再履行社会责任。二是企业社会责任管理边界模糊，中小企业的管理者往往是企业的所有者，对企业行为的管理较为随意化、个人化，没有将企业社会责任与个人慈善行为区分开来。三是中小企业社会责任管理缺失，中小企业没有能力和实力编制专门的企业社会责任报告。有些中小企业还没有建立社会责任体系。有些中小企业已经履行社会责任但没有被明确定义。外部利益相关者也很难对中小企业的社会责任行为展开有效评估。

中小企业社会责任建设的意义重大。首先，中小企业履行社会责任将全面提高企业社会责任水平。中小企业提供了大部分的就业岗位，企业社会责任影响的直接利益相关者众多，社会责任的履行势必提升整个社会的企业社会责任意识。其次，已有研究表明，中小企业如果能够较好地履行社会责任，将促进大企业更全面地履行社会责任。因为大企业是中小企业成长的结果，企业能力随之增强，将进一步巩固公司社会责任的意义。最后，中小企业社会责任建设有利于企业形成社会责任竞争力，开辟企业竞争的"蓝海区域"。

(二) 理论背景

1. 企业社会责任研究的兴盛

每一种思潮的兴起都离不开理论探索，而思潮的兴起又必然会促进理论探索。企业社会责任思潮也不例外。从企业社会责任概念提出至今，学术界和企业管理实践者对企业社会责任的研究兴趣与日俱增。企业社会责任建设研究已经上升为重要的学术研究课题。具体来说：

(1) 研究机构和队伍不断扩大。随着学术界对企业社会责任理论研究重要性认识的提升，专门从事企业社会责任研究的学术机构和研究人员快速增长，大大增强了企业社会责任的研究力量。当前，企业社会责任的专门研究机构主要包括四类：第一类是专门成立的企业社会责任研究机构，如北京融智企业社会责研究所；第二类是设立在国家级、省部级研究机构中的企业社会责任研究分部，如"中国社会科学院经济学部企业社会责任研究中心"就隶属于中国社会科学院；第三类是设立在高校中的企业社会责任研究中心和学院，波士顿大学的企业公民中心就是很好的例子；第四类是设立于其他社会机构的企业社会责任研究部门，如《南方周末》成立了中国企业社会责任研究中心。

（2）研究成果快速增长。以中国为例，2006 年是中国企业社会责任建设研究的大发展之年，井喷式增长在学术研究成果中开始呈现。以"社会责任"作为题名在中国知网（CNKI 数据库）中检索，可以发现 2000～2011 年的文献为12831 篇。其中 2006～2009 年四年间的研究文献量竟然达到了 11516 篇。与此形成鲜明对比的是，2000～2005 年六年的研究文献也只不过 1315 篇。

（3）研究范围和深度不断拓展。企业社会责任研究的发展不仅体现在成果量的增长上，更重要的是反映在研究范围和深度的不断拓展上。总体上来说，学术界对于企业社会责任的研究拓展经历了或正在经历三大转变：由零散、专项研究向系统、全面研究转变；由表面、肤浅研究向创新、深入研究转变；由以解释问题为重点的研究向以解决问题为重点的研究转变。

2. 公共战略学的兴起和政府战略管理理论的探索

战略研究开始于军事领域，然后扩展到了国际政治领域，此后在企业管理领域在对战略理论的研究中，形成了企业战略管理理论。20 世纪 80 年代，传统公共行政学开始考虑公共组织面临的内外部环境变化，通过战略管理使公共组织的发展适应环境的变化，提高组织实现其发展目标的内在能力（陈振明，2004），公共部门战略管理由此发展起来。

公共部门的构成主体之一是政府，政府战略管理理论成为公共战略学的重要分支。当前政府战略探讨的是地方政府的战略挑战、含义、工具、决策、评估等内容（曹堂哲，2011），但随着世界经济与政治之间相互依赖关系的日益密切，政府在行动时有可能会受到更广阔的国际环境的影响。这是因为相互依赖性会使国内与国内外、不同政策领域间以及公共部门及私人部门和非营利性部门之间的互通性增加（Cleveland，2002；Kettl，2002）。正是由于这种互通性，使任何地方发生的事件都有可能影响到世界所有角落，因此约翰·布赖森（Bryson J. M.，2004）在分析公共战略规划对政府部门重要性时就举例指出国家之间经济发展关系密切，国家在能源领域上面临的外部环境的威胁，就会对国家政府的许多部门的行动产生影响。政府战略管理在国内外都属于一门新兴的学科。这门新兴的学科在基础概念、研究对象、研究内容和研究方法等方面的理论体系都尚在构建之中。将政府战略管理理论的应用向公共治理领域拓展，既具有学科价值，在实践上也能提升中央政府对国家战略的制定和实施能力，为国家争取和创造更有利的发展机会，提高国家治理能力。

3. 政府治理理论与合作治理理论对社会责任问题的探索

公共政策对企业社会责任最显著、最基本的作用是其制定了企业社会责任的基准：当制定了强制性的社会和环境标准时，公共政策从社会责任活动中将企业规章内的活动划分了出来。有观点指出这些基准在不同的国家之间是不同的，这是因为，一个社会中履行社会责任是企业的法定的责任（隐性的社会责任），而对于另一个社会来说，该活动却可能是自愿性的（Matten and Moon，2005）。然而，公共政策也会影响公民和企业对商业活动的作用和责任的期望。而且，越来越多的公共政策将社会责任当作一种可持续治理的手段。许多政府已经制定了的公共政策旨在激励或者在程序上规范企业的社会责任履行行为（Aaronson and Reeves，2002；欧洲委员会，2004b，2006b；Fox et al.，2002；Wolff and Barth，2005）。因此，为了给目前还有空白的地方提供可持续治理、对已有的公共政策进行补充或者替代它们，政策制定者可以选择这样的"新治理"模式（Moon，2002）。

二、研究意义

（一）理论意义

企业社会责任已然成为主流政治话语体系的重要组成部分。虽然企业社会责任概念的提出至今已跨过百年时间，但是现代人们对企业社会责任的理解水平已经超越了在初期的直接感受。相反，企业社会责任思想已经开始深入到全球经济社会发展的各个领域，并逐渐从一种普世价值观转变为兼容了各国国情和人文精神的企业发展的时代潮流。特别是，企业社会责任越来越成为一个国家或地区竞争力的重要影响因素。责任竞争力概念受到越来越广泛的关注。这导致各国政府对企业社会责任的认知不再局限于战术层面，而是从战略高度强调企业社会责任对于经济社会发展的重大意义。其核心表现是企业社会责任开始变成国际政治场合主流政治话语体系的重要话题。

中小企业社会责任已经发展为学者们广泛关注的研究对象。每一种思潮的兴起都离不开理论探索，而思潮的兴起又必然会促进理论探索。社会责任趋势也不例外。由于企业社会责任的理念已经确立，在企业社会责任学术研究的兴趣也会越来越强，企业社会责任似乎已经成为一个重要的学术研究领域。

世界企业管理实践将企业社会责任作为一项重要内容。企业社会责任理念和思想的落地最终需要依靠企业，只有企业将社会责任理念和要求全面融入战略和日常运营，才可能真正实现对社会责任的全面履行。事实上，在多元力量的推动下，全球企业履行社会责任的实践和探索越来越深，企业社会责任似乎已经成为世界的业务发展和管理实践的重要组成部分。

（二）现实意义

中小企业作为一个整体，在经济、社会和环境影响方面比大型企业体现得更加直观。一方面，中小企业切实履行社会责任，建立与利益相关方的和谐互动，既提升了企业的品牌形象，有效开拓市场，更能够发掘企业的内生竞争力和增长潜力，这在间接层面也是加快转变经济发展方式的途径之一。另一方面，中小企业履行社会责任，提升产品和服务质量，改善生态环境，恪守诚信经营，能够更直接地优化消费者的生活环境。综合以上两点，中小企业履行社会责任对构建和谐社会，推进建设生态文明实现全面建成小康社会，实现中华民族伟大复兴有明显的促进作用。

根据我国目前中小企业社会责任建设情况，已有的研究指出政府需要发挥指导性作用，加强企业社会责任法律法规的制定，并出台政策促进和帮助中小企业履行社会责任。因此，了解企业社会责任政策的内在逻辑和政府在中小企业社会责任建设方面的作用和角色，是政府推进中小企业社会责任建设的关键。

三、研究目标

企业社会责任建设不仅受到经济因素的影响，更受到非经济因素的制约。企业社会责任理论经历了近百年的发展，其理念和边界与时俱进，不断延伸。然而受到不同国家制度差异、政府管理体制的影响，企业社会责任建设在世界范围呈现出不同的发展态势。在企业社会责任的特殊性实践领域研究中小企业社会责任建设问题日益受到广大学者的关注，学术界在世界范围内对中小企业的履责问题进行了深入的研究。学者们广泛探讨了中小企业社会责任建设的胜任力、责任边界、责任理念等问题，呈现出百家争鸣的理论丛林。与理论争鸣相反，一些国家（尤其是美国、欧盟和日本为代表），认为政府应该促进中小型企业社会责任建设，官方论调对学术研究导向起到关键作用。就实际情况而言，欧洲各国政府已经通过立法建立了政府推进企业社会责任建设的完整政策体系。改革开放以来，中国中小企业得到长足发展；相反地，中小企业的社会责任履行问题被长期忽视。目前中小企业社会责任建设仍在企业自我发展、自我完善的阶段。随着近年来公众对企业社会责任问题的关注，中国政府需要建立起一套政府企业社会责任建设政策体系，以回应公众关切，促进中国企业健康发展，实现经济社会不断进步。与国外企业社会责任建设和发展规律不同，我国企业社会责任建设水平参差不齐，大型企业尤其是上市企业借鉴国外先进管理理念自发建立起了一套企业社会责任体系，绝大多数的中小企业在经营过程中缺乏社会责任感，甚至出现了不道德的经营行为。同时，中小企业与公众生活紧密相关，中小企业的社会责任行为直接影响到公众的社会感知，因此中小企业社会责任的缺失更容易引发社会问题，考验政府的治理能力。中国中小企业社会责任建设的现状如何？中国中小企业社会责任建设受到哪些因素的影响？目前政府企业社会责任建设政策对中国中小企业有何影响？不同行业中小企业社会责任建设的政策需求是什么？政府在促进中小企业的社会责任建设过程中，应该发挥什么样的作用？政府在推进不同行业中小企业社会责任建设中应如何选择运用政策工具？以上是笔者在选题和写作过程中思考的主要问题，要解决以上问题就要系统地构建中国政府推进中小企业社会责任建设模型，要结合企业社会责任理论与政府管理理论，对政府推进中小企业社会责任建设的机理进行分析，并对相应的理论假设进行检验，探究中国政府中小企业社会责任治理模式。本书立足于对上述问题的思考，拟对以下内容进行研究：①中国政府企业社会责任建设的历史与现状分析。通过回顾历史，对现行的企业社会责任建设政策进行分析，揭示目前企业社会责任政策的特点。②构建中国政府企业社会责任治理模型。其中重点分析企业社会责任建设中的政府政策工具选择模型、政企关系演化模型和政府角色模型。③政府和公共组织在中小企业的社会责任建设中的角色作用机制。主要包括政府角色定位对中小企业社会责任理念、边界识别和管理行为的影响。④我国政府推进中小企业社会责任建设角色战略的实证研究。通过政府角色定位对中小企业社会责任建设的影响机理的分析，提出假设，通过调查问卷等实证分析检验假设。

第二节　相关概念界定

一、企业社会责任建设

（一）企业社会责任

关于企业社会责任，虽然有大量的文献资料，但是学术界和理论界还没有对企业社会责任的概念形成统一定义，这与企业社会责任的特点有关。首先，社会责任行为是多种多样的，对不同企业而言，社会责任行为在企业管理中的影响程度不同。非财务报告、供应链管理、可持续研发、文化倡议、股东管理、劳动者权益、降污减排，以及体现社会责任的一系列报告、活动和事件等是很广泛的。其次，存在许多和社会责任相近的概念。早期的概念包括"社会责任"（Bowen，1953）、"企业社会反响"（Frederick，1978）以及"企业的社会行为"（Carroll，1979；Swanson，1995；Wood，1991）。20 世纪七八十年代见证了"利益相关者"这个术语的产生（Freeman and Reed，1983），以及"企业伦理"这种思潮的涌现（Behrman，1988；Salamon，1987）。"环境管理"（Welford，2005）、"企业的可持续性发展"（Roome，1998；Atkinson，2000；Sharma and Starik，2002）和"三重底线"（Elkington，1997）概念的出现表明了 20 世纪 90 年代有关环境和可持续发展争论的影响。然而，更现代的观念却主张"企业问责制"（Greeve，2003；Zadek et al.，2001）、"企业的公民性"（Marsden and Andriof，1998；Wilson，2002）和"企业责任"（Wulfson，2001；Zadek，2004）。以上学者对企业社会责任下的定义是从企业和社会关系的角度分析企业的负责任行为和道德经营活动。他们对概念界定的侧重点不同，没有形成统一的意见。最后，对社会责任的理解没有一致定论的第三个原因是各国商业系统中文化和机构的差异。这也就说明了为何一些国家中的企业能自觉地履行社会责任，而另外一些国家的企业却只是被动地满足法律的规定。

尽管如此，学界和政商界也出现了一些社会责任的"主流"定义。欧洲委员会将社会责任定义为：在自愿原则基础上，工商业部门在经营交易过程中履行对社会和环境可持续发展的责任，并将这种履责行为融入企业与利益相关者的互动过程。该定义认为企业的负责任行为不止于满足相关法律规定的要求，关键在于企业采取这些行为的主动性和积极性。

国内学者（李伟阳、肖红军，2012）对此定义做了进一步界定，形成了企业社会责任的操作性概念：企业通过透明和道德的行为，有效管理自身决策和活动对利益相关方、社会和环境的影响，追求经济、社会和环境的综合价值最大化的意愿、行为和绩效。本书使用的就是这个定义，我们将在下文中讨论这个概念的核心部分，即"积极主动"、自愿性和可持续性相结合。但是，我们应先将这个概念放入一个更宽泛的商业、社会和生态行为的范围之中来理解。因此，在这个背景之下，履行社会责任被认为是一种对企业、社会和公共政策参与者的可持续的治理模式。

（二）建设

"建设"一词在现代汉语中是指创立新事业；增加新设施。后来，"建设"被广泛运用于人类实践活动的各种领域，被赋予特定主体能动地建立、建构自然、社会和精神事物的含义，在现代语言中又指组织的建立、整顿、思想的教育和提高。例如，思想文化建设、组织文化建设、制度文化建设、政党文化建设等都属于这一范畴。人的建设实践是人类有目的地进行能动的探索和改造现实世界的社会性的客观物质活动。"建设"具有目的性、能动性、社会性和客观性。

因此，企业社会责任建设具有目的性，是对企业社会责任的建立、整顿和提升。这就要与企业社会责任的效果相联系。本书将企业社会责任的效果分为三个维度——"产出""结果"和"影响"。本书将社会责任"产出"定义为一种将社会和环境问题与企业的商业运营及其利益相关者相结合的承诺和战略，承诺和战略包括环境的改善或目标与时间表的多元化政策的制定。类似承诺、战略和责任报告实质上是企业实施社会责任行为的准备工作，表示企业承诺了什么而不是做了什么。将社会责任"结果"定义为企业具体活动的改变，这种改变意味着基准线的改变。例如：企业从不负责任的项目中撤资转向负责任的项目；绿化企业产品组合；采购环保原料等。将社会责任"影响"定义为对企业外部的社会或环境领域产生的实质性效果。例如二氧化碳排放量、贿赂或薪酬歧视的减少等。

社会责任的"产出""结果""影响"代表了企业社会责任建设的不同层次，是层层递进关系。因此相对应的是企业社会责任理念的形成、企业社会责任边界的识别、企业社会责任管理体系的完善。将这三个方面综合起来就构成了本书讨论的社会责任建设问题。

二、中小企业

中小企业，与大企业相对，也被称作小型企业或中小规模企业。划分标准包括员工人数、资产总量、营业收入、经营范围等。在我国，中小企业可以是个人提供资金或者少数人联合出资组建。雇佣数量一般不大，营业额相对有限，资金链单一。在经营管理方面，企业主兼职管理者，实行个人决策，经营管理受到较少的外界干预。

根据《中华人民共和国中小企业促进法》和《国务院关于进一步促进中小企业发展的若干意见》（国发〔2009〕36号），将中小企业划分为中型、小型、微型三种类型，具体标准根据企业从业人员、营业收入、资产总额等指标，结合行业特点制定。各行业标准如表 1 - 1 所示。

表 1 - 1　我国中小企业划分标准

序号	行业	标准描述
1	农、林、牧、渔业	营业收入 20000 万元以下的为中小微型企业。其中，营业收入 500 万元及以上的为中型企业，营业收入 50 万元及以上的为小型企业，营业收入 50 万元以下的为微型企业
2	工业	从业人员 1000 人以下或营业收入 40000 万元以下的为中小微型企业。其中，从业人员 300 人及以上，且营业收入 2000 万元及以上的为中型企业；从业人员 20 人及以上，且营业收入 300 万元及以上的为小型企业；从业人员 20 人以下或营业收入 300 万元以下的为微型企业
3	建筑业	营业收入 80000 万元以下或资产总额 80000 万元以下的为中小微型企业。其中，营业收入 6000 万元及以上，且资产总额 5000 万元及以上的为中型企业；营业收入 300 万元及以上，且资产总额 300 万元及以上的为小型企业；营业收入 300 万元以下或资产总额 300 万元以下的为微型企业
4	批发业	从业人员 200 人以下或营业收入 40000 万元以下的为中小微型企业。其中，从业人员 20 人及以上，且营业收入 5000 万元及以上的为中型企业；从业人员 5 人及以上，且营业收入 1000 万元及以上的为小型企业；从业人员 5 人以下或营业收入 1000 万元以下的为微型企业
5	零售业	从业人员 300 人以下或营业收入 20000 万元以下的为中小微型企业。其中，从业人员 50 人及以上，且营业收入 500 万元及以上的为中型企业；从业人员 10 人及以上，且营业收入 100 万元及以上的为小型企业；从业人员 10 人以下或营业收入 100 万元以下的为微型企业
6	交通运输业	从业人员 1000 人以下或营业收入 30000 万元以下的为中小微型企业。其中，从业人员 300 人及以上，且营业收入 3000 万元及以上的为中型企业；从业人员 20 人及以上，且营业收入 200 万元及以上的为小型企业；从业人员 20 人以下或营业收入 200 万元以下的为微型企业
7	仓储业	从业人员 200 人以下或营业收入 30000 万元以下的为中小微型企业。其中，从业人员 100 人及以上，且营业收入 1000 万元及以上的为中型企业；从业人员 20 人及以上，且营业收入 100 万元及以上的为小型企业；从业人员 20 人以下或营业收入 100 万元以下的为微型企业

续表

序号	行业	标准描述
8	邮政业	从业人员1000人以下或营业收入30000万元以下的为中小微型企业。其中，从业人员300人及以上，且营业收入2000万元及以上的为中型企业；从业人员20人及以上，且营业收入100万元及以上的为小型企业；从业人员20人以下或营业收入100万元以下的为微型企业
9	住宿业	从业人员300人以下或营业收入10000万元以下的为中小微型企业。其中，从业人员100人及以上，且营业收入2000万元及以上的为中型企业；从业人员10人及以上，且营业收入100万元及以上的为小型企业；从业人员10人以下或营业收入100万元以下的为微型企业
10	餐饮业	从业人员300人以下或营业收入10000万元以下的为中小微型企业。其中，从业人员100人及以上，且营业收入2000万元及以上的为中型企业；从业人员10人及以上，且营业收入100万元及以上的为小型企业；从业人员10人以下或营业收入100万元以下的为微型企业
11	信息传输业	从业人员2000人以下或营业收入100000万元以下的为中小微型企业。其中，从业人员100人及以上，且营业收入1000万元及以上的为中型企业；从业人员10人及以上，且营业收入100万元及以上的为小型企业；从业人员10人以下或营业收入100万元以下的为微型企业
12	软件和信息技术服务业	从业人员300人以下或营业收入10000万元以下的为中小微型企业。其中，从业人员100人及以上，且营业收入1000万元及以上的为中型企业；从业人员10人及以上，且营业收入50万元及以上的为小型企业；从业人员10人以下或营业收入50万元以下的为微型企业
13	房地产开发经营	营业收入200000万元以下或资产总额10000万元以下的为中小微型企业。其中，营业收入1000万元及以上，且资产总额5000万元及以上的为中型企业；营业收入100万元及以上，且资产总额2000万元及以上的为小型企业；营业收入100万元以下或资产总额2000万元以下的为微型企业
14	物业管理	从业人员1000人以下或营业收入5000万元以下的为中小微型企业。其中，从业人员300人及以上，且营业收入1000万元及以上的为中型企业；从业人员100人及以上，且营业收入500万元及以上的为小型企业；从业人员100人以下或营业收入500万元以下的为微型企业

续表

序号	行业	标准描述
15	租赁和商务服务业	从业人员 300 人以下或资产总额 120000 万元以下的为中小微型企业。其中，从业人员 100 人及以上，且资产总额 8000 万元及以上的为中型企业；从业人员 10 人及以上，且资产总额 100 万元及以上的为小型企业；从业人员 10 人以下或资产总额 100 万元以下的为微型企业
16	其他未列明行业	从业人员 300 人以下的为中小微型企业。其中，从业人员 100 人及以上的为中型企业；从业人员 10 人及以上的为小型企业；从业人员 10 人以下的为微型企业

第三节 研究思路与研究方法

一、研究思路

中国政府一直关注企业社会责任问题，中央政府和地方政府逐步出台一系列的企业社会责任政策。中国的中小企业有其特殊性，中小企业的社会责任问题也有别于大型企业。我国中小企业社会责任建设问题的特殊性，是政府在推进中小企业履行社会责任过程中需要重点考虑的问题。本书从我国政府中小企业社会责任治理政策的制定框架，政府在推进不同类型中小企业社会责任建设的角色定位和政府推进中小企业社会责任建设的战略选择三个方面探讨中小企业社会责任建设问题。研究思路如图 1－3 所示。

本书共分为八章。第一章绪论。第二章为文献评述，围绕企业社会责任理论与对策的研究，以及对政府在推进企业社会责任建设的角色与作用、我国中小企业社会责任建设相关文献进行梳理和评述。第三章对我国政府企业社会责任建设的政策历程进行了回顾，分析了我国企业社会责任的特征、范围和价值取向，梳理我国企业社会责任战略变迁的过程。通过历史研究来发现决定企业社会责任政策制定的关键要素以及政策执行中存在的问题。第四章是研究治理理论、政府关系理论、合作治理理论，构建我国政府企业社会责任政策框架。通过政策框架识别企业社会责任领域中的政府关系特征，并推导出我国政府在推进企业社会责任建设中的角色分类和选择框架。第五章是模型构建部分，根据第四章的政府角色理论框架和政府角色战略理论框架，提出假设，构建模型。第六章是本书的实证和数据分析部分，对政府企业社会责任政策在中小企业社会责任建设中的作用效果、认知程度进行调研，并发现中小企业对政府企业社会责任政策的需求。进而对检验结果进行综合分析，总结影响中小企业社会责任建设的因素、政府在其中的角色和作用、政企合作推进企业社会责任建设的路径。第七章是经验借鉴部分。第八章为研究结论与展望。

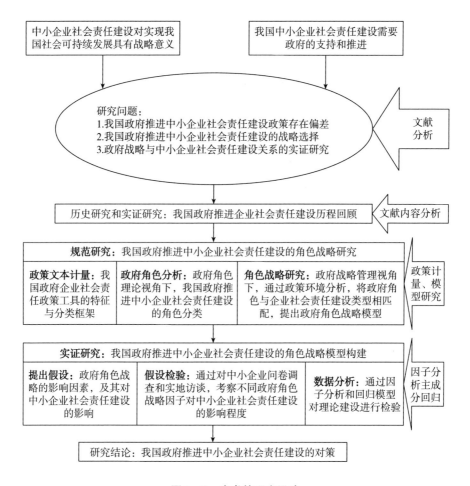

图1-3　本书的研究思路

二、研究方法

在研究方法的选择上，本书密切联系我国国情，围绕研究目标，采用了规范研究与实证研究相结合的方法、系统研究方法，将定量研究和定性研究结合起来。

1. 系统研究方法

系统研究方法作为公共战略学的哲学认识论的基础之一，扭转了已有的原子论分析模式改变了社会学研究的机械主义思维方式。用系统论的方法分析中小企业社会责任问题，政府、企业和社会三者的互动形成一个"复杂系统"。系统中包含各种相互联系、相互影响的"子要素"相互作用产生不同方向上的拉力，改变系统整体发展方向。为了能够把握这种整体发展趋势，我们需要处理好系统内各要素之间的关系、要素与系统整体之间的关系、子系统之间的关系。只有这样我们才能获得最好的认知（Dobson，2008）。本书尝试应用系统研究的方法，对企业社会责任理念、中小企业社会责任边界、中小企业社会责任建设，以及企业社会责任政策等研究内容，从可持续治理的视角、以不同学科方法展开分析并探索未来的中小企业社会责任建设之道。

2. 规范研究与实证研究相结合的方法

规范分析是回答"应该是什么"的问题。论证以一定的价值判断为基础，提出某些分析处理社会经济问题的标准，并研究如何才能符合这些标准。本书在综合借鉴经济学、企业治理学、战略学、系统论等学科中关于"企业社会责任"的研究基础从可持续治理的视角界定了"企业社会责任"的内涵，初步构建了政府企业社会责任治理模型与分析框架，从可持续发展与可持续治理入手，对政府企业社会责任政策选择的互动机理展开理论分析。实证分析方法主要研究社会经济现象"是什么"以及社会经济问题"实际上是如何解决的"，强调数据可靠、方法实用、手段先进等原则。遵循以上原则，本书主要通过对我国中小企业社会责任建设的调研，以及来自权威统计机构提供的数据资料，包括世界银行企业社会责任报告、中国企业社会责任白皮书、各类统计年鉴及其他官方机构统计数据，方法和手段上则包括多种主流的和较先进的分析方法，具体定量方法包括因子分析、主成分分析、相关分析、主成分多元回归等。

3. 定量研究和定性研究相结合

定量研究通常是针对特定于研究总体结果，并进行了统计结果的计算和分析。目的在于发现社会和经济活动的一般规律，并解释一个事物的普遍规律。定性研究试图对特定情况或事物的特殊解释，是探索性的，具有诊断和预测性的特点。这是对"合理结论"的追求，为了了解问题所在，增进认识。总之，本书致力于扩大政府推进中小企业社会责任建设研究的定量研究，定性研究的广度和深度。定性研究和定量研究都有自己独特的特点、优势和局限，但两者并不相互对立，而在某种程度上是相互关联的，甚至是相互补充的。

第四节　研究创新点

一、研究视角创新

首先，本书从可持续治理的视角对我国政府推进中小企业社会责任建设问题展开研究，侧重于分析我国政府在提升治理能力、构建治理体系的背景下，政府部门在中小企业社会责任建设中的角色和作用。中小企业社会责任建设作为国家应对社会可持续发展问题的治理工具，决定了政府政策选择。政府推进中小企业社会责任建设角色战略不应拘泥于具体的某项政策得失，更应关注政府如何构建新的政企关系、以何种角色建立起新的治理体系。另外，本书针对政府治理与政策选择间关联机理上的理论缺口，在现有文献基础上，探索性地构建了中小企业社会责任政府治理框架。为我国企业社会责任建设的研究开拓了一种新视角，初步形成了以定量与定性相结合的研究方法体系，从更深层面揭示了政府角色与公共政策的内在关联。

二、理论创新

（一）环境分析：政府治理视角下中小企业社会责任建设分类框架

本书应用张力理论模型构建我国政府推进中小企业社会责任建设角色战略环境因素分析框架。张力将对同一事物的不同解释看作各种对立的力量，通过战略管理来实现对各种对立力量的平衡（保罗·纳特、罗伯特·巴可夫，1991）。中小企业社会责任建设的战略环境可以看作一个张力场域，政府在推进中小企业社会责任建设过程中要考虑到政府自身和外部因素、企业自身和外部因素对企业社会责任建设的作用力。因此，本书通过张力理论来分析和定义中小企业社会责任政策和战略行为的性质、范围和力度，以改变已有中小企业社会责任政策的盲目性。

（二）政府角色定位：治理视角下的政府角色模型

政府治理的要义是合作，以改变以往政府单独作为政策制定主体带来的政策失效问题。政府角色理论在政府治理思想的指引下，为政府治理不同类型企业社会责任问题提出了合作建议，即鼓励政府与企业部门和社会部门的合作。本书在政府企业社会责任建设政策工具分析的基础上，将政府角色与政策工具相匹配构建我国政府推进中小企业社会责任建设的角色模型。

（三）政府角色战略分析：政府角色战略分类与选择模型

在政府角色分类的基础上，将不同政府角色与中小企业社会责任建设环境相结合。本书提出假设以四类不同的政府角色推进相应类型的中小企业社会责任建设，并对政府角色战略的评价因素进行了刻画，以实证研究的方式对假设进行了检验，探讨不同政府角色对中小企业社会责任建设的影响，目的是为我国政府在未来的中小企业社会责任治理中提出对策与建议。

第二章 相关文献评述

全球化趋势不断加速,作为"世界玩家"的发达国家面临着全球商业模式带来的新挑战。要求更多的企业承担社会责任成为公众的一致诉求。中小企业社会责任建设研究进入了一个新的阶段,学术界和政府管理实践者开始将中小企业社会责任建设与政府管理、公共治理联系起来拓展到更广阔的领域。国内外对中小企业社会责任建设的研究大体可以分为三类:第一类是纯理论研究,这类研究主要是对中小企业社会责任理论的缘起、发展和争论等问题进行抽象性阐释。在这类研究中,中小企业社会责任建设问题常常作为重要的因素来说明企业社会责任产生的机理。第二类属于中小企业社会责任建设的现实问题研究。这类研究着眼于基于实证的模型构建的中小企业社会责任建设和实践过程中的现实问题的分析和解决。第三类研究属于政府或公共治理视角下的中小企业社会责任建设问题研究,这类研究将中小企业社会责任建设作为政府治理社会和环境可持续发展的一种新"能力",研究政府和企业合作推进企业社会责任建设以实现社会更好、更可持续地发展。

第一节 中小企业社会责任建设研究评述

尽管企业社会责任是一个现代概念,但企业社会责任的思想却源远流长。在企业社会责任概念正式提出之后,理论界和企业界对企业社会责任理念不断演绎和发展。中小企业社会责任建设以企业社会责任理念为基础,进而界定中小企业社会责任的边界,最后企业在理念指引下,在中小企业社会责任边界内履行社会责任,创建中小企业社会责任管理系统和执行规范。

一、关于中小企业是否需要进行企业社会责任建设的研究评述

自社会责任概念诞生以来，学术界和企业界的巨擘们关于企业是否需要进行社会责任建设问题展开了划时代的辩论。对于中小企业社会责任问题，学术界和理论界的争论更加激烈。争论的关键在于中小企业在社会经济中的作用是否已经包含了社会责任范畴，中小企业是否有能力履行社会责任等。

（一）国外研究评述

研究社会责任，就必须先明确它的概念和核心思想。根据欧洲委员会对社会责任的定义，"自愿"是核心原则。也就是说，社会责任不是一种强制执行的政策，而是一种为了社会更好的可持续发展的负责任行为。企业可以进行或不进行社会责任建设，对于社会责任建设的程度也没有一套强制标准。理论上来说，企业不会因为没有进行社会责任建设，或履行社会责任建设不够好，而受到法律或其他权威强制力的制裁。政府和社会希望企业承担一定的社会责任，是基于企业在经营活动中可能会给环境和社会带来不良影响，企业应履行最基本的义务，以弥补或缓解经营行为对环境和社会带来的损害。当然，政府和公众也鼓励企业承担部分社会发展的责任，增加社会整体福利。

国外学者在讨论中小企业是否需要进行社会责任建设问题时，首先是回到企业的本质概念的反思。从佰利（Berle）和多德（Dodd）的论战开始，企业是否需要履行社会责任就被分成两个流派，支持企业履行社会责任的学者主要是从企业在社会中的作用和社会整体结构的角度出发，认为企业拥有一定的社会属性。既然企业是社会结构的一部分，那么与其他组织或个人一样，要承担促进社会发展的义务。[①] 另外，反对企业履行社会责任的学者是从企业的经济属性，企业的本质观和古典自由主义经济学出发，认为企业存在的唯一目的是股东利益最大化。企业履行社会责任是"不务正业"的表现。以弗里德曼（Friedman，1970）为代表的经济学家甚至认为，让企业承担社会责任，是危险的[②]。以上两种观点奠定了社会责任的争论基础，以后学者的观点多是对以上两个流派的改良和补充。这个问题，在下文另有详述，本节主要讨论中小企业是否需要进行社会责任建设这一问题。

① Dodd, E. M. Jr.. For whom are corporate managers trustees [J]. Harvard Law Review, 1932, 45 (7)：1145–1163. 转引自李伟阳，肖红军，郑若娟. 企业社会责任经典文献导读 [M]. 北京：经济管理出版社，2011：25.

② Friedman, M.. The social responsibility of business is to increase its profits [J]. The New York Times Magazine, 1970 (9).

讨论了社会责任的概念之后，国外学者对中小企业社会责任建设问题的讨论重点放在了"建设"（Construct）和"承担"（Assume）两种行为模式上。从"建设"这个角度出发。马蒂·摩西（Mette Morsing，2005）和弗朗西斯科·佩里尼（Francesco Perrini）认为，中小企业社会责任建设应该被提上政府和企业的议事日程。因为中小企业的经济总量巨大，对社会经济发展影响显著。与之相应的，中小企业雇用了大量劳动力，直接影响家庭收入，间接影响社会稳定。中小企业在经营过程中造成了与之经济比重相对应的污染排放、环境破坏和其他社会问题，因此中小企业应该进行社会责任建设①。鲁特肯霍斯特（Luetkenhorst，2003）在分析企业社会责任建设对经济发展的影响时，将中小企业作为一个假设参数（缺乏中小企业社会责任报告数据），以中小企业的经济总量、雇佣规模、资源消耗量等为参考，加入模型，得出结论，中小企业作为"白噪声"对社会发展的贡献显著。他认为政府和社会应该将中小企业的社会责任建设提上日程②。卢肯和斯塔斯（Luken and Stares，2005）专门讨论了发展中国家的中小企业进行社会责任建设，对企业来说是威胁还是机会。得出结论：是机会或威胁，取决于当地政府是否坚持社会责任的一般原则，企业是否积极主动地自愿进行社会责任建设③。穆里略和罗萨诺（Murillo and Lozano）认为，中小企业社会责任建设不该和其他类型企业混为一谈，应该由中小企业自己选择建设方式④。佩里尼等对中小企业进行社会责任建设和大型企业的社会责任建设进行了比较分析，认为中小企业社会责任建设可以进行，企业对企业经营产生正影响⑤。斯彭斯（Spence，L. J，1999）早在1999年就研究了中小企业社会责任建设问题，提出企业大小不影响社会责任建设。因为大型企业和中小企业可以履行不同层面、不同类型的社会责任。并且，社会责任建设是中小企业的自愿行为，如果中小企业愿意，他们总能找到好的办法进行社会责任建设⑥。

① Mette Morsing, Francesco Perrini. Corporate Social Responsibility in SMEs：do SMEs matter for the Corporate Social Responsibility agenda［J］. Business Ethics，2009（1）：1 – 6.

② Luetkenhorst，W. Corporate social responsibility and the development agenda：the case for actively involving small and medium enterprises［J］. Intereconomics，2004，39（3）：157 – 166.

③ Luken，R，Stares，R. Small business responsibility in developing countries：a threat or an opportunity?［J］. Business Strategy and the Environment，2005，14（1）：38 – 53.

④ Murillo，D，Lozano，J. F. SMEs and Corporate Social Responsibility：an approach to Corporate Social Responsibility in their own words［J］. Journal of Business Ethics，2006，67（3），227 – 240.

⑤ Perrini，F.，Russo，A.，Tencati，A. Corporate Social Responsibility strategies of SMEs and large firms. Evidence from Italy［J］. Journal of Business Ethics，2007，74（3）：285 – 300.

⑥ Spence，L. J. Does size matter? The state of the art in small business ethics［J］. Business Ethics：A European Review，1999，8（3）：163 – 174.

其他一些学者从中小企业"履行"或"承担"社会责任角度，认为中小企业承担或履行社会责任会对企业发展造成不利影响，会消耗企业资源，增加企业运营成本。或者说中小企业现在是否有能力适合承担社会责任。这种担心的根源是学者和企业界担心外界强制力，让中小企业"必须"承担社会责任。持这种观点的学者忽略了社会责任本身是一种自愿行为的特有属性。斯彭斯和罗萨诺就中小企业履行社会责任问题进行了探讨，认为如果政府或外界力量迫使中小企业履行和大型企业类似的社会责任，那么对中小企业的发展将造成损害。这种损害来自市场竞争优势的弱化和政府执行政策过程中的寻租风险①。斯彭斯和卢瑟福（Spence, L. and Rutherfoord, R., 2003）以经验分析方法研究了中小企业的商业道德。他担心履行社会责任行为的中小企业会给不履行社会责任的企业造成"搭便车"的机会，产生道德风险②。

从国外学者对中小企业社会责任研究的情况看，是支持和鼓励中小企业进行社会责任建设的，但是要在自愿的前提下进行。学者担忧的是政府或外界强制地将中小企业社会责任强加给所有中小企业。这与本书研究一致，认为中小企业社会责任建设是企业的自愿行为，政府应为这些愿意进行社会责任建设的中小企业创造良好的环境，而不是强迫所有的中小企业履行一致标准的社会责任。这违背社会责任的基本原则和政府合作治理的初衷。

（二）国内研究评述

国内学者针对中小企业是否应该进行社会责任建设展开了研究。持支持态度的学者分为三类。第一类是从我国中小企业在经营过程中对环境和社会造成的损害与其经济贡献成比例③，出于弥补"过错"的考虑，中小企业应该对周围环境负责④。第二类是从我国中小企业更好地参与国际分工出发⑤，探讨了国际企业社会责任标准对我国企业的影响⑥。认为中小企业社会责任建设有利于提升"中国制造"的国际形象⑦，为中小企业带来竞争优势。第三类是从中小企业以往的

---

① Spence, L. J., Lozano, J. F. Communicating about ethics with small firms: experiences from the UK and Spain [J]. Journal of Business Ethics. 2000, 27 (1): 43 – 53.

② Spence, L. J., Rutherfoord, R. Small business and empirical perspectives in business ethics: editorial [J]. Journal of Business Ethics, 2003, 47 (1): 1 – 5.

③ 华琦. 对中小企业社会责任缺失问题的分析 [J]. 中国乡镇企业, 2010 (3).

④ 樊培栋. 关于中小企业承担社会责任的理论和实证研究 [J]. 山西财经大学学报, 2007 (1).

⑤ 李颖. 从企业社会责任角度诠释中小企业的自主创新 [J]. 中国商界, 2010 (1).

⑥ 丁园. 国际视角下的中小企业社会责任：理论与实践 [J]. 财会通讯, 2010 (8).

⑦ 胡美琴. 全球化与我国中小企业绿色管理 [J]. 经济纵横, 2007 (1).

不负责任行为①，例如"黑心棉花""石膏豆腐"等，这些公共事件给公众舆论造成了恶劣影响。这些行为本应受到法律的制裁，但由于我国法律制度不是非常健全，而让不道德的中小企业钻了法律的空子，这部分行为应该作为中小企业的社会责任进行约束和建设。

另一些学者担心中小企业的经营现状不适宜承担社会责任。持这种观点的学者将我国中小企业社会责任分成不同的层次。在较低层次阶段，即法律空洞领域，主张中小企业履行社会责任②。在较高阶段，例如环境保护、使用新能源、改善生产技术节约能源等方面，则不主张企业履行社会责任。还有一些学者也是出于对外力强制中小企业履行社会责任会导致中小企业的生存环境更加严酷，主张分层次、分批次地推进中小企业社会责任建设。

总的来看，我国学者对中小企业社会责任建设的态度比较一致，即中小企业需要进行社会责任建设。只是对于如何推进、如何建设问题方面的意见还没有达成完全一致。

二、中小企业社会责任建设的特点和影响因素研究评述

中小企业社会责任建设问题研究在企业社会责任研究领域占据重要地位。因为中小企业具有与大企业明显不同的企业特质，国内外学者对中小企业社会责任建设问题给予了充分关注。

（一）国外研究评述

国外对中小企业社会责任建设方面的研究通常立足于一个关键假设：中小企业存在区别于大企业的明显特征，虽然不同国家和不同文化背景下的中小企业各具特色，但是总体上来说，相对大企业，中小企业更加独立，往往具备多种功能（业务），企业运营现金流有限（Spence and Rutherfoord，2003）。Vyakarnam 等（1997）研究指出：中小企业的管理大多是建立在私人关系和非正式制度上的以企业主（管理者）的私人化和个性化的管理方式为依托的管理实践。中小企业在特定的区域内运作，依靠内部资源（资金）实现经济增长。

因此，研究中小企业社会责任建设问题时应关注中小企业的这些特点。Spence（1999）对已有的中小企业社会责任建设问题的研究进行了回顾，指出此类研究需要更具结构化的研究方式，应首先着重解决四个问题：不同背景下中小

---

① 康宁．我国中小企业社会责任履行状况：问题与对策——以沈阳中小企业调查与流计分析为例［J］．经济师，2011（4）．
② 陈晖涛．我国中小企业社会责任探析［J］．当代经济管理，2008（10）．

企业的定义；中小企业社会责任的假设前提；中小企业社会责任建设的清晰度和透明度；采用何种研究方法。一些学者（Spence and Lozano，2000；Spence et al.，2000；Tilley，2000）则给出了中小企业社会责任建设问题研究的逻辑思路：将中小企业社会责任建设问题置于企业社会责任问题研究的大背景下，然后将中小企业社会责任建设的特殊性作为具体的"分支"来研究。

Perrini（2007）认为，利益相关者理论更适用于分析大公司的企业社会责任建设，而社会资本理论更适合用来分析中小企业社会责任。社会资本概念与企业的无形资产相关，包括声誉、信任、合法性和舆论。社会资本是中小企业长期绩效的基础（Habisch et al.，2005；Putnam，1993；Spence et al.，2000，2003）。中小企业社会责任建设的关键因素是企业管理者（企业主）对社会责任问题的识别，Spence和Lozano（2000）的研究证明通用的社会责任准则或社会责任标准对中小企业社会责任建设的影响不大。因为，与大企业相比，中小企业学习和执行（国际）社会责任准则会不成比例地消耗企业的时间、精力和资金。然而，一些研究意识到环境对中小企业社会责任建设影响很大。Spence等（2000）对比了英国和荷兰的中小企业社会责任建设情况，认为当地的文化、制度和政治结构会对中小企业主产生影响，从而改变企业社会责任行为。Tilley（2000）认为，没有制度改革和经济体制改革中小企业社会责任水平不可能提高。

中小企业社会责任建设的研究需要重新回顾社会资本与企业社会责任的关系，因为这是分析中小企业社会责任行为的动因（Habisch et al.，2001；Spence and Schmidpeter，2003；Spence et al.，2003）。Schmidpeter（2003）发现正式的机构、网络和相互关系（Formal Institutions，Networks and Mutual Relationships）可以提升中小企业的社会资本。随后，Spence等（2003）澄清了这一问题，指出中小企业的社会资本通过正式接触（Formal Engagement）、部门内部（行业内部）社会网络建设（Networking within Sectors）、跨行业社会网络建设（Networking Across Sectors）、志愿服务（Volunteerism）、慈善捐赠（Giving to Charity）等方式获得。

中小企业社会责任建设问题之所以关键，是基于三个前提假设：首先中小企业提供了大量的就业占据相当的经济份额；其次大企业是由中小企业发展而来的，如果他们在中小企业时期履行社会责任，那么他们成为大企业后会一直履行社会责任；最后虽然类似调研还没有大范围展开，但许多中小企业已经准备参与社区活动。这就所谓的"浸没的企业社会责任"（Sunken Corporate Social Responsibility）或"无声的社会责任"（Silent Corporate Social Responsibility）（Perrini et al.，2007）。一些中小企业已经开始履行社会责任，只是这些行为还没被定义为企业社会责任（Grayson，2003）。对于中小企业管理者来说，他们的企业社会责任挑战是如何将这些已有的社会责任活动整合成为日常经营行为，并成为企业社会责任理念。

综上所述，国际上对将中小企业的社会责任建设与大型企业明显区别开来。具体来说是从以下几个层面做出了区分。第一，社会责任的领域和范围不同。大型企业的社会责任建设的领域广泛，是解决社会问题；而中小企业社会责任行为是为了解决自身为环境和社会带来的，或者潜在会带来的问题。第二，目标不同。大型企业社会责任建设的目标是为了树立企业形象，形成无形资产，增加品牌知名度；中小企业是为了获得有限范围（合作伙伴、所在社区）的信任和支持。第三，履行方式不同。大型企业社会责任建设需要专门的机构、配备专门的人员，投入相当比例的资金，以财务报表和社会责任报告的形式呈现。中小企业社会责任建设受企业主个人影响较大，由于履责范围小，解决的是自身问题，方式较为灵活，无须大量投入资金，目的是为了减少企业的不良影响。第四，外界期望不同。大型企业的社会责任建设受到外部压力，有些社会责任必须履行，因为直接与其绩效（销售量、社会形象、股票价值、股东持股）有关；对中小企业来说，如果自身的经营没有对社会和环境造成损害，则可以完全出于自愿进行社会责任建设。

（二）国内研究评述

国内对中小企业社会责任建设的研究主要聚焦在动因、挑战和外部解决方式三个方面。郭志文和简红艳（2012）研究了中国企业社会责任行为的七大驱动力并进行了实证研究。这七种企业战略驱动力包括法律及政府政策驱动力、长期绩效目标驱动力、短期绩效目标驱动力、管理者成就感驱动力、企业战略驱动力、员工驱动力和消费者等其他利益相关者的压力驱动力。周翼翔和钱晨（2012）认为，有助于我国中小企业社会责任建设的因素有两种，有强弱之分。有利的经济环境、完善的法律支撑体系和成熟的管理者能力对中小企业社会责任建设的推进作用较强。由于我国中小企业的经营环境较为动荡，同行业竞争关系复杂，消费者众多，不能够很好地形成集中诉求。现阶段政府对中小企业的监督还没有形成完整体系，社会舆论注意力较为分散。王敏等（2013）对中小企业社会责任驱动因素进行了实证研究，认为政府是强有力的外部驱动因素，汇报社会和满足企业自身利益需求则是关键的企业内部驱动因素。陈承和张俊瑞（2015）认为，中小企业社会责任建设源于五个方面的考虑：品牌战略、产品质量与安全、产品价格、文化环境需要、品牌保护。王建华（2012）指出中小企业社会责任动因包括获得社会资本和回应内部利益相关者压力。李颖（2010）认为中小企业社会责任建设与企业创新相互促进。袁媛（2014）认为中小企业管理者的道德水平对企业社会责任建设的影响较大，决定了中小企业社会责任的层次和边界。

国内学者和企业管理实践者对中小企业社会责任建设的现状多数持不乐观态度，能力差、意识薄弱、动力不足、规范性差是中小企业社会责任现状的基本概括。针对现状，王建华（2012）认为中小企业社会责任建设应与大企业联合，按照企业生命周期的特点循序渐进。政府应为中小企业社会责任建设提供引导和制度保障。冯巧根（2013）认为推进中小企业社会责任建设，需要重构企业管理会计框架。张兆国等（2012，2013）认为企业履行社会责任应与财务管理变革相联系，两者相辅相成互为推动。易开刚（2007）从责任博弈的理论视角分析了中国中小企业社会责任缺失的深层原因，认为企业博弈失衡（意识薄弱）、政府博弈失衡（监管缺失）、市场博弈失衡（竞争无序）、公众博弈失衡（逆向选择）是群体性企业社会责任缺失的深层原因。麦影（2010）对珠江三角洲地区的中小企业进行了社会责任方面的调研，认为中小企业管理者对企业社会责任的认识比较分散，对信息披露持回避态度，将企业社会责任行为与员工待遇混为一谈，但是大多数受访企业认为企业社会责任建设有助于中小企业发展。赵越春等（2013）对江苏地区中小企业员工进行了社会责任方面的调研，结果显示，75%的员工认为中小企业应履行社会责任，但是80%的员工对社会责任体系不了解，其中员工对企业内部社会责任较为认同，对中小企业的环境保护等外部社会责任没有普遍接受。

对于如何提升中小企业社会责任建设水平，国内相关研究者所持观点较为一致，即通过法律法规和政府引导、社会舆论监督、社会责任体系构建等方式推进中小企业社会责任建设。杨春方（2015）等学者从资源基础和背景依赖理论出发，解释了中小企业社会责任缺失的原因。他指出通过企业成长与制度改革而不是道德挞伐，更能推动中小企业承担社会责任。帮助企业做大做强，教育全体公民形成督促企业承担社会责任的外部环境，是推动中小企业承担社会责任的根本途径。余婷和王琦（2013）认为，竞争环境不公平导致中小企业社会责任心态失衡，认为应加强企业集群建设，共享企业社会责任履行资源。政府应当加强这方面的引导和支持力度，建立适合中小企业的社会责任评价体系。

我国中小企业社会建设问题比较复杂，国内对中小企业社会责任建设的重要性持一致态度。国内学者对中小企业社会责任意识、边界和管理模式进行了大量研究，对政府在其中的作用持肯定态度。但是，对如何建设中小企业社会责任缺乏严谨论述，对政府在其中扮演的角色也是泛泛而谈，没有形成特色理论。

三、中小企业社会责任建设的边界研究

简单来说，中小企业的社会责任行为是指企业在经营活动中肩负起对环境和社会可持续发展的责任。至于如何界定中小企业对社会的负责行为，学术界进行了广泛而深入的研究。

（一）国外研究评述

国外学术领域对企业社会责任建设边界进行了深入研究。主流经济学界定企业社会责任的边界影响了一代又一代企业。简言之，该观点认为企业没有义务和必要履行社会责任，更进一步认为任何想要主动履行社会责任的企业都是充满野心的，对社会结构形成威胁。持有这种观点的专家学者不乏弗里德曼、哈耶克这种经济学巨擘①。与建立在理论性之上的古典主义经济学家不同，管理学同时也是社会学大师的德鲁克（2006）指出，整个社会像一个满负荷运转的、结构复杂的机器，企业作为这一庞大机器上的零件，功能属性上就必须让这台社会机器运转得更加良好。因此，企业不能忘记自身的社会功能。换个角度，从整个社会的法律体系来看，任何法则都要为社会福利服务，个人利益也应服从于社会整体福利的提升原则。这就是企业功能理论所说的企业的"复杂属性"。不能将企业的生产、交易、社会这三个属性分割开来，也不能偏废企业的某种功能。

美国商业圆桌会议组织（Business Roundtable）是一个以企业主利益为核心服务理念的集体组织。尽管如此，在企业道德问题日益紧迫的 20 世纪 80 年代，该组织终于出现松动。在一声明中，Business Roundtable 主席在民主表决后说："我们的企业不只追求私利，我们也提供公益服务。"② 企业主无法逃避社会舆论的谴责，公众责任消费意识的提高给企业敲响了警钟。企业不得不重新融入社会，履行一定的责任。这不再是某个企业家的道德和道义的施展，而是整个社会运转新秩序的到来。经济学的绝对理性和社会学的群体认知、群体理性结合起来可能会更好地说明企业的社会责任边界在哪里。企业的生产、交换对象是弱化于社会经济系统中的个人。个人的购买力当然不足以改变企业的行为模式，但是个人的存在对他的家庭来说是不可或缺的，而家庭组成的社区对企业的影响就不止于被动消费。家庭和企业的关系是相互的，家庭分子进入企业生产环节完成企业

---

① 黄铁鹰，梁钧平. 美国企业社会责任大辩论 [J]. 中国企业家，2007（5）.
② 斯蒂芬·R. 罗宾斯. 管理学 [M]. 黄卫伟，等译. 北京：中国人民大学出版社，2007.

的经济属性。家庭成员回到家中，企业的经济属性消失或转移，那么企业又回归于社会。企业的社会属性和经济属性是无法分割的。既然无法分割，企业还需要发展，如何摆脱履行繁杂义务的负担成为理论问题。Porter 和 Kramer（2006）将企业战略管理思想引入社会责任履行中，试图回答企业应履行哪些义务，以回应社会的需要，保证企业的合法性。他们的做法简单来说就是化繁为简：社会责任等于处理社会问题，企业和利益相关者互动中面对哪些社会问题？我的实力能够处理哪些问题？我为什么要处理这些社会问题？得出最终答案：优化企业战略，获得竞争优势。

（二）国内研究评述

国内学者对中小企业社会责任边界的理论研究较为单薄，多是对西方企业社会责任边界理论的修补，较有代表性的是"基于新企业本质观的企业社会责任边界"。该观点是由李伟阳和肖红军在已有的"企业本质观"的研究基础上发展而来的。这两位学者认为界定我国中小企业社会责任行为，必须从社会责任价值的视角出发，把我国基本经济发展现实条件和中小企业在社会发展中的角色结合起来综合考量。强调企业的本质应包含三个方面的核心思想：企业是社会的一部分；企业是增进社会福利的有效方式；企业通过生产商品和服务、管理运营过程中人与人之间的关系两种途径增进社会福利。其他学者主要针对我国目前企业社会责任现状进行分析，研究了当前企业社会责任的主要内容。[①] 李瑞兰和黄珍文（2009）在"两型社会"建设的背景下研究我国企业应履行的社会责任，指出企业在节约资源和环境保护方面有不可推卸的责任[②]。郑启福（2008）研究了SA8000 体系对我国企业社会责任建设的影响，指出我国企业至少应履行对雇员的责任、对消费者的责任和社区责任[③]。黄微分（2008）在论述我国企业应承担的社会责任时强调科技创新和追求可持续发展是企业社会责任的应有之义[④]。刘淑华和李呈（2011）研究了国有企业的社会责任建设问题，指出国有企业社会责任包括：对广大民众的经济责任、对员工的责任、保护环境与资源的责任、对社区的道德责任等[⑤]。与学术界相比，我国产业界对企业社会责任的研究更为深入和具体，甚至制定了行业社会责任规范。中国纺织品企业社会责任管理体系

① 黄速建，余菁. 国有企业的性质、目标与社会责任［J］. 中国工业经济，2006（2）.

② 李瑞兰，黄珍文. "两型社会"建设中企业社会责任指标体系的构建［J］. 中国集体经济，2009（10）.

③ 郑启福. SA8000 对我国企业社会责任建设的影响与启示［J］. 河南工业大学学报，2008（4）.

④ 黄微分. 亟须加快企业社会责任体系建设［J］. 中国国情国力，2008（12）.

⑤ 刘淑华，李呈. 加强国有企业社会责任建设的思考［J］. 改革与战略，2011（10）.

CSC9000T 全面启动。该体系主要以人为本，切实保障员工合法权益，激励员工主人翁精神[1]。

国内企业社会责任内容和边界的研究大多参考国际标准，在研究思维上还停留在"泛泛而论"，将企业社会责任作为一个"宽泛概念"的层次上。理论上与西方对接过于僵化，实践层面的研究多属于号召呼吁类型，没有严格区分企业社会责任边界。

第二节　政府在推进中小企业社会责任建设中的作用与角色研究评述

2001 年欧盟发表了《促进企业社会责任的欧洲框架政策绿皮书》。[2] 在政府推进企业社会责任建设，以及企业社会责任政策方面，欧盟走在前列。国外政府在推进企业社会责任建设中的角色研究是基于欧盟委员会（2001）对企业社会责任概念的界定：企业决定自愿地为建立一个更美好、洁净的社会发展环境做出贡献；企业社会责任是企业利益相关者管理的整个过程。

一、合作治理视角下中小企业社会责任建设中的政府角色研究

企业社会责任建设已经成为许多国家政府议程中的优先议题（Lepoutre 等，2004）。政府加强对企业社会责任建设干预，这一变化加强了政府在与企业合作治理环境和社会问题时的能力，也强化了政府与企业合作共同制定企业社会责任政策的基础。与此相对应，政府需要采取更全面的利益相关者管理战略（Lozano 等，2007）。Lozano 等在研究中重点分析了欧洲政府的企业社会责任政策，提出了一个解释性的概念框架。在其代表性文章《企业社会责任政策：欧洲政府的角色》中提出了政府促进企业社会责任建设的"四种理想模型"：合作伙伴模型、社区商业模型、可持续发展与企业公民模型、论坛协商模型。[3]

阿伦森和里夫斯（Aaronson and Reeves, 2002a）研究了近十年来欧洲政府是

①　中国纺织企业社会责任管理体系 CSC9000T 全面启动［J］．纺织信息周刊，2006（5）．

②　European Commission. Green Paper: Promoting a European Framework for Corporate Social Responsibility ［R］. COM（2001）366 – final, Brussels, 2001.

③　Lozano, J. M., Albareda, L., Ysa. Public Policies on Corporate Social Responsibility: The Role of Governments in Europe ［J］. Journal of Business Ethics, 2007, 74（4）.

如何成为企业社会责任建设推动者的整个过程。他们指出，欧洲政府推动企业社会责任建设帮助欧洲企业与其美国和日本的竞争者区分开来。Moon 和 Sochaki 对企业社会责任在不同国家的差异做了深入研究，提出了理解社会责任的概念框架，指出不同国家的政府在企业社会责任建设方面的政策不同，导致了不同的企业社会责任社会氛围。① Zappal（2003）研究了企业公民与政府角色的关系，指出企业公民领域需要政府公共政策，但是政府并非必须扮演"管制者"角色。该研究认为政府的企业公民政策应考虑到国家竞争力、城市治理、公众诉求、合作治理等因素。② 在某种意义上，政府已经融入进了一种新的"政府—企业—公众利益相关者"三方政治关系。政府在这种政治关系中不断鼓励负责任的、可持续的商业行为（Aaronson and Reeves，2002a，2002b；Albareda et al.，2006；Fox et al.，2002；Moon，2004）。在世界银行发布的以"公共部门在加强企业社会责任建设中的角色"为主题的报告中，将公共部门的角色分为四种：强制、促进、合作和激励。③

Albared 等（2007）将政府与企业社会责任建设的研究更进一步，提出政府推进企业社会责任建设政策的变化改变政府治理能力的假设。在论证中作者指出单向的传统的政策分析方法不能给出这一问题的满意答案，也无助于更深刻地理解政府在推进企业社会责任建设过程中面临的新挑战。因此，他们提出了政府企业社会责任角色的双向分析方法——政策框架地图分析法。我们意识到在国外企业社会责任研究的语境中尤其强调企业承担社会责任的自发性和企业社会责任建设的自觉性（European Commission，2002）。在这一理念的指引下，学界关于政府在推进企业社会责任建设的角色研究也逐渐摒弃了以往政府利用权力强制企业行为的传统政策理念，转而将企业社会责任与政府治理、社会治理和环境治理等问题联系起来。Midttun（2006）探讨了"社会交换视角下企业社会责任导向的社会治理模型"的特点，在这一模型概念下重新梳理了政府、企业与公民社会之间的关系，对模型背后的驱动因素进行了重点讨论。④ 企业社会责任与全球化紧

① Moon，J.，Sochaki，R. The Social Responsibility and New Governance ［J］. Government and Opposition，1996（27）：384 – 408.

② Zappal，G. Corporate Citizenship and the Role of Government：The Public Policy Case ［R］. Research Paper 2004，Australia.

③ Fox，T.，Ward，H.，Howard，B. Public Sector Roles in Strengthening Corporate Social Responsibility：A Baseline Study ［R］. Washington：The World Bank，2002.

④ Midttun，A. Policy making and the role of government realigning business，government and civil society. E-merging embedded relational governance beyond the（neo）liberal and welfare state models ［J］. Corporate Governance，The International Journal of Business in Society，2005（5）.

密相连，全球治理、企业公民和可持续发展三者是未来企业在全球经济发展中需要面对的三大议题。Matten 等（2005）通过研究不同企业和国家全球化进程中出现的社会和可持续发展问题，回答了"如何在复杂多变的多方利益相关者世界中，政府如何成功管理企业社会责任行为，企业如何成为一个优秀的企业公民"。① Matten 和 Moon 等的独到之处在于他们将政府推进企业社会责任建设置于公司合作、多方协作的政策背景中，将企业社会责任建设作为政府善治的一部分。

二、全球化视角下中小企业社会责任建设中的政府角色研究

考虑到全球化时代的政府治理过程中面临的社会和可持续发展难题，绝大部分关于政府与企业社会责任关系的研究都主张政府采取新的角色推进企业社会责任建设（Fox et al.，2002；Lepoutre et al.，2004；Nidasio，2004）。福克斯等（2002）提出政府为企业创造社会责任环境时所扮演的几种新角色：受托者角色（法律）、促进者角色（内容指南）、伙伴关系角色（与多方利益相关者接触过程）、支持工具角色（宣传）。Lepoutre 等（2004）回顾了政府在管理制度不确定性时所扮演的角色：刺激角色、精心安排者角色和调节者角色，在此基础上提出政府管理战略不确定性的公共工具：公共信息宣传运动、组织报告、标签运动、社会契约运动、公共承诺和奖励运动。② 这种政府促进企业社会责任角色的分析也被其他学者采用，并且延伸到了企业社会责任的公私伙伴关系领域。哥本哈根研究中心发布的报告《伙伴关系炼金术：社会伙伴关系在欧洲》将政府企业社会责任角色与公共治理、合作治理更加紧密地联系起来，关注解决社会问题，促进企业、社会组织和地方政府之间的协调发展。并将公私伙伴关系中的企业社会责任作为政府治理的新模型来研究。③ 在公私合作治理理念下，Guarini 和 Nidasio（2003）进一步研究企业社会责任在政府与企业合作治理中的角色，指出政府和企业一道促进企业社会责任建设的过程中双方的侧重点不同。政府侧重反映社会和环境需求，而企业则侧重支持和执行政府的企业社会责任干预政策，基于双方

① Matten, C., Moon, J. A Conceptual Framework for Understanding CSR. In: Habisch, A., Jonker, J., Wegner, M., Schmidpeter, R. Corporate Social Responsibility Across Europe [M]. Springer, Berlin, 2005.

② Lepoutre, J., N. Dentchev, A. Heene. On the Role of the Government in the Corporate Social Responsibility Debate [C]. Paper presented at the 3 rd Annual Colloquium of the European Academy of Business in Society, Ghent, 2004.

③ Nelson, J., Zadek, S. Partnership Alchemy – New Social Partnerships in Europe [R]. The Copenhagen Centre, Copenhagen, 2000.

关切提出了企业社会责任建设的公私合作治理模型。① 与企业社会责任的公私合作治理模型类似，约瑟夫（Joseph，2003）主张政府采取"软政策"促进企业社会责任建设。

关于如何实现企业社会责任的公私合作治理，国外学者从不同视角进行了深入研究。此类研究将企业社会责任的利益相关者从企业维度上升到社会维度。绝大多数学者已经成功地将企业社会责任与利益相关者管理联系起来。卡罗尔（Carroll，1989，1991）出版其代表性著作《企业与社会：伦理与利益相关者管理》，奠定了其在社会责任研究领域的至高地位，也使得利益相关者管理方法称为研究企业社会责任的一种范式。在卡罗尔之后，唐纳森和邓菲（Donaldson and Dunfee，1999）提出综合性社会契约理论研究企业社会责任及其相关者管理问题。企业社会责任的利益相关者方法继续发展，称为"企业公民"概念的一部分。一些学者（Waddock，2002）认为，企业社会责任建设与"多方利益相关者对话"的发展是分不开的，多方利益相关者协商改变了政府和企业的公共关系模式，推动组织结构变革。Kapstein（2003）指出，企业进行社会责任建设，更好地融入社会是企业可持续发展的重要条件，企业的持续发展要求企业与多方利益相关者展开积极对话。Payne 和 Calton（2002）发展了多方利益相关者学习型对话理论（MSLD），为政府、企业与社会合作推进企业社会责任建设提供了方法论。② 包括联合国全球契约、全球报告倡议组织、欧洲多方利益相关者企业社会责任论坛，这些由不同的政府机构参与的对话机制构成了一种工作方式，其目的是推动多方一致倡议的不断发展。

其他理论指出企业社会责任建设不是一个孤立的话题，应该将其置于全球化进程中政府不断面临新挑战的背景之下（Crane and Matten，2004）。负责任的、可持续的商业模式理念进入人们的视野，关于企业在全球化的社会中应该扮演什么样的角色，政府应该发挥何种作用等问题引起了广泛的争论。弗雷德里克（Frederick，2006）认为"在全球化背景下，企业最终会拥抱企业社会责任，因为企业需要在动荡的环境中和平地、恭敬地与周围的邻居（政府和公众）共同生存和发展。人们期望周围的企业像隔壁的家庭一样友善，值得信任。政府要做

① Guarini，E.，C. Nidasio. CSR Role in Public – Private Partnerships：Models of Governance ［C］. Paper presented at the 2 nd Annual Colloquium of the European Academy of Business in Society，Copenhagen，2003.

② Payne，S. L.，Calton，J. M. Towards a Managerial Practice of Stakeholder Engagement：Developing Multi – Stakeholder Learning Dialogues ［J］. Journal of Corporate Citizenship，2002（6）：37 – 52.

的是构建这种友好的关系网络，企业社会责任则是一盏聚光灯。"① 全球背景下政府企业社会责任角色研究需要关注一些政府文献，这些文献代表了政府的角色愿景。European Commission 发布《欧洲关于企业社会责任的基本条件》绿皮书、《关于企业社会责任的报告：企业对可持续发展的贡献》《实施以就业与发展为目标的伙伴关系：使欧洲成为企业社会责任的卓越标杆》。

其他学者从宏观层次，研究政府企业社会责任治理角色。阿伦森和里夫斯（2002a）研究文化差异和文化因素在不同国家政府企业社会责任管理中的影响。他们还分析了为什么欧洲背景的公司比美国背景的公司更能接受企业社会责任政策，得出结论，这些差异源于不同国家各自的商业文化。② 这一研究表明欧洲的公司更愿意配合政府的企业社会责任政策，他们更倾向于一个受管制的环境。他们希望政府要求更多，政府也提出了更多的企业社会责任要求。欧洲的公司认为，政府的企业社会责任政策能够帮助公司在混乱的、不断变化的全球经济中找到生存之道。③ 分析不同的企业履行社会责任的方法应该考虑到一系列不同因素：政治和制度结构、政治形态和政治过程、社会结构是侧重自愿责任还是政府管理、国内对企业角色的看法、非营利组织和社会团体在国家中的地位、教育系统及其传递的价值、领导人的偏好和历史传统（Rome，2005）。Moon（2005）将美国的企业社会责任政策视为"明确的企业社会责任"，相反欧洲的是"隐含的企业社会责任"。明确的社会责任政策要求企业承担针对性的社会责任，解决社会问题，满足社会需求。在美国，这涉及企业社会责任方面的自愿和自利的企业政策、项目和战略。在欧洲，隐含的企业社会责任包括政府的正式和非正式的制度，通过这些制度集体需要的企业社会责任被按照企业的社会角色分配给不同的企业。这通常包括价值、制度和规则，在 20 世纪造成了政府对企业处理社会、政治和经济利益问题的强制性要求。在未来全球化和政府治理的背景下，政府企业社会责任政策将变得更加柔和。④

国外政府在推进企业社会责任建设中的作用和角色研究是根据不同国家和地

① Frederick, W. C. Corporation, Be Good! The Story of Corporate Social Responsibility ［M］. Indianapolis: Dog Ear Publishing, 2006.

② Aaronson, S., Reeves, J. The European Response to Public Demands for Global Corporate Responsibility ［R］. National Policy Association, Washington DC, 2002a.

③ Aaronson, S., Reeves, J. Corporate Responsibility in the Global Village: The Role of Public Policy ［R］. National Policy Association, Washington DC, 2002b.

④ Matten, C., Moon, J. A Conceptual Framework for Understanding Corporate Social Responsibility. In: Habisch, A., Jonker, J., Wegner, M., Schmidpeter, R. Corporate Social Responsibility Across Europe ［M］. Springer, Berlin, 2005.

区政治体制和治理结构的差异展开的。国外学者以国际通用的企业社会责任定义为基础，结合本国政府治理的传统结构对政府在公共治理、公私伙伴关系、全球化背景下对政府推进企业社会责任建设的角色、作用、治理方式、关键环节、实现路径等方面展开深入研究。目前，国外对政府在推进企业社会责任建设中的作用和角色研究比较成熟，形成了完整的理论体系。为本书研究中国政府推进企业社会责任建设提供了借鉴和参考。

第三节　我国政府推进中小企业
社会责任建设研究评述

国内中小企业社会责任研究一直将政府作为重要的推动力量。中央政府和地方政府出台了一系列企业社会责任政策促进企业社会责任建设。这些政策能够在多大程度上推进中小企业社会责任建设，如何改善政府的政策体系、支持方式是国内研究的主要关注领域。

一、我国政府企业社会责任建设政策研究

（一）中央政府部门推进企业社会责任政策研究

2006 年以来，国家部门相关领导和负责人在不同场合对企业社会责任建设进行了强调和倡导。2006 年 3 月，时任国家总理温家宝在国家电网公司进行实地调研时对该公司主动履行社会责任，编制社会责任报告给出高度评价。他强调企业应该自觉履行社会责任，并接受社会监督。2008 年，时任国家主席胡锦涛出席亚太经合组织第 16 次领导人非正式会议上指出，参会国家政府及其中介组织，应该强化引导、监督和管理机制，制定和完善相应法律法规，为企业自主履行社会责任创造良好的环境。2011 年时任国务院总理温家宝，在《政府工作报告》中提出，政府要引导企业，特别是中小企业，做大做强品牌、符合行业质量标准、提升服务质量、提高企业效益。通过健全产品和服务的质量认证体系，强化企业的社会责任建设。一些中央政府部门积极推进企业社会责任建设，如表 2 - 1 所示。

促进企业社会责任建设工作涉及许多中央政府部门的职能。目前，相关职能机构正在其职责范围内推进企业社会责任建设。但到目前为止，在中央政府层面

表 2 - 1　中央政府推进企业社会责任建设的政策与倡议

中央政府机构	企业社会责任政策与倡议
国务院国有资产监督管理委员会	2008 年 1 月，颁布了《关于中央企业履行社会责任的指导意见》；2011 年 11 月，国资委发布《中央企业"十二五"和谐发展战略实施纲要》
商务部	2009 年，颁布了《外资投资企业履行社会责任指导性意见》（征求意见稿）
工业和信息化部	2009 年，把推进社会责任正式列入其职能；正在电子信息行业和山西、浙江的中小企业中试点推广企业社会责任
国家标准化管理委员会	代表中国参加 ISO26000《社会责任指引》的起草，并对该《指引》投了赞成票
人力资源和社会保障部、中华全国总工会和中国企业联合会	2010 年 5 月，联合发布《关于深入推进集体合同制度实施"彩虹"计划的通知》
中华全国总工会	2011 年 1 月 18 日，出台《中华全国总工会 2011～2013 年深入推进工资集体协商工作规划》
民政部	2011 年 7 月发布《中国慈善事业发展指导纲要（2010～2015）》
中国银行业监督管理委员会	2007 年 12 月 5 日发布《关于加强银行业金融机构社会责任的意见》；2012 年 2 月 24 日发布《绿色信贷指引》
商务部、中共中央对外宣传办公室、外交部、国家发展与改革委员会、国务院国有资产监督管理委员会、国家预防腐败局六个部委局和全国工商联	2012 年 4 月 9 日联合下发中国境外企业文化建设若干意见
国务院	2011 年 12 月 30 日发布《工业转型升级规划（2011～2015 年）》，提出工业企业社会责任建设取得积极进展的目标；2012 年 6 月 1 日发布《中国可持续发展国家报告》
环护部、科技部、国家质检总局、新华社等	均开展了一些推进企业社会责任的倡议和活动

还没有指定的一个政府机构或部门来协调各部委的企业社会责任建设工作。由于没有协调机制，中国还没有一个统一的企业社会责任战略和政策体系。这导致了一些重复的推广活动，并给地方政府促进企业履行社会责任的分工造成了一些混

乱，造成了社会责任工作在不同的地区由不同的政府部门负责的状况。

（二）地方政府推进企业社会责任政策研究评述

2006 年以来，一些地方政府开始采取了不同的措施推广企业社会责任。推进企业社会责任的主要活动包括发布企业社会责任政策、开发企业社会责任评估体系、组织评估、培训活动等。表 2－2 是一些地方政府发布的企业社会责任政策和评估体系。

表 2－2　地方政府推进企业社会责任建设政策

地方政府	企业社会责任政策	企业社会责任评估体系
深圳市	2007 年，颁发《关于进一步推进企业履行社会责任的意见》	
上海浦东新区	2007 年，《浦东新区推进企业履行社会责任的若干意见》《浦东新区企业社会责任导则》。2009 年经上海市政府有关部门批准将导则升为《上海市企业社会责任地方标准》《浦东新区建立企业社会责任体系的三年行动纲要（2007～2009）》。2011 年发布《浦东新区加快推进建立企业社会责任体系三年行动纲领（2011～2013）》	2007 年，发布《企业社会责任评估体系》。在政府的主导下，聘请三方具备资质的第三方公司进行公开、公正、公平的认证评估
浙江省	2008 年出台《浙江省人民政府关于推动企业履行社会责任的若干意见》和《浙江省企业社会责任指导守则（试行）》	
义乌市	—	2008 年，发布《企业社会责任义乌标准》
温州市	—	2009 年，通过《温州民营企业履行社会责任评估体系》
杭州市	2009 年，出台《关于加强企业社会责任建设的意见》	2010 年，发布《杭州市企业社会责任评价体系》
宁波市	—	2011 年，发布《宁波市企业信用监管和社会责任评价办法》
山东省	—	2009 年，发布《全省企业社会责任评价试点工作方案》
烟台经济技术开发区	—	2008 年，发布《烟台经济技术开发区企业社会责任考核评价体系实施意见（试行）》

续表

地方政府	企业社会责任政策	企业社会责任评估体系
威海经济开发区	2010年，出台《关于建立企业履行社会责任激励约束机制的试行意见》	2010年，发布《企业社会责任评估体系》
东营经济开发区	—	2009年，发布《东营经济开发区企业社会责任考核评价指标体系（试行）》
禹城市	2010年，发布《禹城市推进企业社会责任建设工作实施方案》	2010年，出台《禹城市推进企业社会责任建设工作实施方案和考核办法》
江苏省	—	2010年，下发《江苏省依法管理诚信经营先进企业和履行社会责任优秀企业家评定办法（试行)》
南京市	2009年，南京市质量技术监督局和南京市白下区委区政府联合发布南京市《企业社会责任》地方标准	
常州市	2005年，发布《关于转发市总工会等七部门（常州企业社会责任标准实施意见）的通知》	2004年发布《常州市企业社会责任标准》
无锡新区	2008年发布《关于推进企业履行社会责任的若干意见》和《企业社会责任体系建设三年行动纲要（2008~2010)》	2009年发布《无锡新区企业社会责任评价体系》

中德贸易可持续发展与企业行为规范项目对中国地方政府企业社会责任政策进行了研究，认为地方政府可以从以下几个方面着手提升政府企业社会责任管理水平：一是理解企业社会责任建设对地区发展的战略意义；二是建立企业社会责任组织；三是根据本地区情况，制定企业社会责任政策措施；四是帮助企业开展企业社会责任能力建设；五是制定可操作的企业社会责任评价体系；六是开展政策评估和更新。

二、我国政府推进中小企业社会责任建设问题研究

笔者通过回顾近十年来国内学者关于中小企业社会责任建设研究文献得出结论：绝大多数学者在讨论如何加强中小企业社会责任建设时都强调政府在其中的引导和推动作用（邓泽宏、叶苗，2010；邓泽宏、杜拒，2014；仇冬芳、徐丽敏，2015）。对政府推进企业社会责任建设论述较有代表性的是钟宏武（2010），在其研究中指出政府是推动企业社会责任的主导力量之一，扮演规制者、推进者和监督者三种角色。

邓泽宏和叶苗（2010）指出鉴于中小企业成为社会责任建设的问题多发区，政府应该发挥主导作用，与行业协会、专业组织、社会媒体合作，努力建立一套约束和激励中小企业社会责任建设的机制。仇冬芳和徐丽敏（2015）通过实证研究了民营资本高管政治关系与企业社会责任绩效的关系，指出高管政治关系与社会责任绩效具有正相关关系。

国内研究企业社会责任的专著也论述了政府在推进企业和中小企业社会责任中的作用和角色。辛杰（2010）论述了企业社会责任培育问题，主张建立推进企业社会责任的政府机构和协调机制，制定企业社会责任战略，引导企业树立企业社会责任观念，推进中小企业社会责任法律化建设，建立企业社会责任管理评价体系等。在论述中作者考虑到企业规模对企业社会责任的影响，探索性地讨论了中小企业社会责任的特点。[1] 沈四宝（2009）在《企业社会责任专论》中分析了中国企业社会责任现状及其原因，认为政府除了在法律、行政等方面做好企业社会责任管理和监督工作之外，应履行企业社会责任教育职能，针对不同规模的公司及其管理者建立社会责任教育体系，建立群体性企业社会责任意识。班纳吉（2014）在《企业社会责任：经典观点与理念冲突》中从政治经济学视角探讨了企业社会责任理念，将企业社会责任上升到国家政治和战略领域。探讨国际政治中企业社会责任议题，以及发达国家和发展中国家对待企业社会责任问题的差异。他指出，发展中国家的企业和工业大多不够成熟，中小企业在经济和社会发展中扮演重要角色，政府的企业社会角色应考虑中小企业发展问题。[2] 刘力纬在《企业社会责任研究：不同所有制劳动密集型企业的调查》中对珠三角和长三角的 85 家企业（其中部分是中小企业）进行调研，重点针对企业中员工待遇情况进行研究，讨论了政府与不同所有制企业关系，指出政府应该从企业和行业特点出发加强企业社会责任建设。[3] 得出结论：尽管中国企业社会责任尚处于初级发展阶段，尽管在不同的发展阶段应有不同的公共政策和公共管理的侧重点，但是，从现在开始，中国各级政府必须全面承担起建立、促进、完善中国企业社会责任体系的公共责任。

---

① 辛杰. 企业社会责任研究：一个新的理论框架和实证分析［M］. 北京：经济科学出版社，2010.

② 苏哈布拉塔·博比·班纳吉. 企业社会责任：经典观点与理念冲突［M］. 柳学永，叶素贞，译. 北京：经济管理出版社，2014.

③ 刘力纬. 企业社会责任研究：不同所有制劳动密集型企业的调查［M］. 北京：中国言实出版社，2013.

通过对已有研究的回顾，笔者发现国内学者对企业社会责任的研究保持着一定的热情。国内学者对企业社会责任的研究没有严格按照西方公司治理的单一轨迹进行，而是将企业社会责任问题与政府政策、政府作为联系起来，形成了独特的研究思路。学术界也并不缺乏对中小企业社会责任问题的研究，并且对政府与中小企业社会责任的关系也展开了广泛讨论。国内学者达成一致：政府应推动中小企业社会责任建设。但是，从研究的逻辑、层次和深度层面看，国内企业社会责任或中小企业社会责任建设方面的研究多是追随国家政策、政治动员、社会问题披露的步伐，缺少严谨、科学、逐层递进的研究。具体到政府推进中小企业社会责任建设方面的研究，国内学者往往将其放置于公共政策或公共管理研究的一部分，没有提出针对性的理论框架。大多学者将中小企业社会责任建设与其他企业问题如环境污染、消费者权益、产品质量等混为一谈，认为政府应该立法，通过行政手段管制企业的类似行为以达到企业社会责任建设的目的。这些研究与规范的企业社会责任建设研究还有很大差距。本书拟从中小企业的社会责任理念与意识、社会责任边界和社会责任管理三个层次入手探究政府在推进企业社会责任建设过程中扮演的角色和发挥的作用，探究我国政府中小企业社会责任战略，通过实证给出政策建议。

第三章　我国政府推进中小企业
社会责任建设历史与现状分析

我国政府推进中小企业社会责任建设的历史大致可以分为四个阶段：计划经济体制阶段、改革开放之后的双轨制阶段、市场经济体制确立初期阶段和加入世界贸易组织后的国际竞争阶段。通过对我国现行企业社会责任建设政策工具的分析，可以看出我国政府在中小企业社会责任建设方面面临挑战。

第一节　我国政府推进中小企业
社会责任建设历史回顾

中小企业社会责任建设的研究不能离开我国经济发展阶段和企业社会责任思潮对我国传统企业的影响。改革开放初期，企业不分大中小而分所有制，非公有制企业被认为是中小企业。企业社会责任建设在中国经历了"企业办社会""全功能企业""政企分开""盘活市场经济"、企业道德滑坡、企业责任反思、加入世贸组织、中国经济强大、负责任大国形象等经济社会发展大背景。

一、计划经济体制阶段：企业社会责任错位期，政府越位

此阶段我国中小企业没有得到政府认可，公有制企业作为义务承担起社会发展的责任，成了政府功能的延伸。本来应该由政府承担的责任转变成企业不可推卸的义务，行政命令指导企业发展、规定企业经营内容和经营指标。企业本身决定自己经营行为的能力和权力被严重削弱了。在这种企业发展依附于政治需要的情况下，企业内部形成一种"小社会"，经济功能作用被社会功能作用所取代。

企业履行的是一种社会义务或政治义务，而非企业的社会责任，也可以说是企业角色的错位。然而，当时企业又将经济责任放在了国家和政府的身上。结果是造成整个社会的经济效益低下，社会效益难以为继。虽然，企业办社会模式下看起来企业承担了很多社会责任，但实际上是企业错误扮演了社会功能角色。

二、改革开放之后的双轨制阶段：中小企业社会责任空洞期，政府缺位

在20世纪80年代后期，中国经济正处于双轨运行阶段。这一时期的中小企业开始大规模涌现，此阶段我国中小企业将追求经济利益视为首要甚至唯一责任。此时的中小企业几乎没有社会责任概念，甚至在经营活动中丢弃了道德底线。很多企业利用这一转型期经济管理体制不健全，政府监督不完善，贿赂政府管理人员，谋求不正当经济利益。摆脱体制束缚，实现盈利成为当时中小企业的唯一目的。社会风气也出现重利轻义、见利忘义的不良倾向。一些守本分、讲规矩，诚信经营的企业，由于成本劣势，企业效益下滑，甚至难以维持。这种典型的"逆向淘汰"的现象在20世纪80年代末90年代初的公有企业员工下岗潮期间最为严重。在这种背景下，中小企业重生后在不断地试探政府和社会对他们的定位，试图找到中小企业在社会中的位置。这一时期，政府对企业社会责任的回应是空洞的。

三、市场经济体制确立初阶段：中小企业社会责任底线挣扎期，政府失位

20世纪90年代，我国基本确立了社会主义市场经济体制，中小企业在技术和管理水平方面取得长足进步，实现了快速发展。伴随着国有企业调整改制，民营经济影响力日趋显现，并参与国际贸易分工。期间，生产守则运动在国际上兴起，我国也逐渐受到西方企业社会责任运动的影响。1991年，媒体曝光了美国时尚牛仔裤品牌"里维斯"开设"血汗工厂"生产产品。为挽救品牌形象，公司制定了全球首个产品生产守则。作为产业链的一环，中小企业初步意识到履行社会责任的必要性，但是又陷入成本与责任的纠结之中，开始不情愿地履行"底线型"企业社会责任。

我国中小企业在生产过程中频频出现非法雇用童工、高强度使用劳动力、对工人缺乏应有的基本保护，由此造成的"血汗工厂"问题。这些问题与环境污染、超标排放等问题一道，被西方国家政府和国际组织诟病。侵犯员工权利和自由的事件经常发生在一些出口加工企业，已经引起国际社会的关注。中国政府开始关注中小企业社会责任建设问题，但仅停留在"抓典型，作回应"的初级行政管理阶段，没有对中小企业社会责任建设进行系统管理和推进。

四、加入世界贸易组织后的全球化竞争阶段：中小企业社会责任建设探索期，政府补位

21 世纪初至今，伴随着改革开放以来取得的成效，我国经济总量排名全球第二。中国成为仅次于美国的经济大国。加入世界贸易组织以后，政府进一步加快了融入世界经济一体化进程的脚步。跨国企业看到中国市场的潜力，加大投资，开拓市场。中国企业"走出去"战略不断推进，有 80 多家企业迈入"世界500 强"行列。更多中小企业在国际分工中历练成熟，开始主动融入国际贸易。我国中小企业开始加强自身的企业社会责任建设以满足国际贸易准则的需要，有些中小企业甚至将履行企业社会责任达到国际标准作为企业的竞争优势。中小企业在我国经济发展中的作用进一步显现，中国在世界政治经济舞台中的负责任大国形象日益深入，我国政府开始推进中小企业的社会责任建设。另外，中小企业的行为对社会环境的影响越来越深，政府从可持续发展的角度出发开始规制中小企业的不负责任行为。进入 21 世纪后，公共领域的企业社会责任建设活动日益增多，如表 3-1 所示。

表 3-1　2001~2010 年公共领域的企业社会责任建设活动

时间	主题	主办单位
2001 年 12 月	"新世纪的中国企业"研讨会，成为国际上第一个参与"全球契约"的国家级雇主组织	中国企业联合会，联合国开发计划署
2002 年 9 月	21 世纪中国企业社会责任论坛	联合国开发计划署、中国光彩事业促进会、中国企业联合会
2002 年 12 月	中英企业社会责任与公司管理研讨会	英国驻华大使馆与中国企业联合会
2005 年 12 月	联合国全球契约峰会	中国和其他国家的多名企业领袖、政策制定者及非政府组织代表
2004 年 12 月	"国际化趋势下中国企业社会责任与企业竞争力"	《中国经营报》中国企业社会责任与竞争力杭州论坛
2008 年 6 月	成立了"南方周末·中国企业社会责任研究中心"	《南方周末》
2009 年 6 月	"金蜜蜂企业社会责任·中国榜"	《WTO 经济导刊》

资料来源：笔者整理。

回顾历史，我国政府在推进中小企业社会责任建设方面从失位到缺位再到补位，体现了我国经济发展的特殊性和政府管理体制改革的历史特点。与某些国外成熟的政府中小企业社会责任建设促进模式不同，我国政府在推进中小企业社会责任建设的过程中没有进行连续的政策贯彻，也没有成立专门的管理机构及中介机构。因此，未来我国政府在推进中小企业社会责任建设进程中可能存在角色误区。

第二节　我国政府推进中小企业社会责任建设政策研究

目前，我国中央政府和地方政府在推进企业社会责任建设方面出台了一系列政策①。通过对现有政策文本的计量分析，详细的政策条款有 793 条。其中中央政策导向性文件条款 121 条，这些政策条款内容多以倡议为主，以指导下属机构或地方政府开展中小企业社会责任建设活动。因为类似政策条款不涉及具体措施，且下属机构或地方政府在制定具体中小企业社会责任政策时会出现重复，故将其从统计数据中删除。同时，从中央政府的专职部门如商务部、工信部、中华总工会等类似机构的文件中剔除 142 条倡议性或缺乏执行导向的政策条款。剩余 530 条具有执行性，有政策监督主体和政策接受客体的政府企业社会责任政策文本。再从中剔除雷同条款，遵循条款可以按政策工具性质和政策主题分类的原则，保留分析条款 330 项。其中，涉及强制性政策工具 30 项，经济（金融）政策工具 120 项，信息政策工具 48 项，合作伙伴政策工具 78 项，混合政策工具 54 项，如图 3 - 1 所示。

将整理后的 330 项政策条款按照企业社会责任政策主题分类，其中旨在提升企业社会责任意识的政策条款有 134 项，包括强制性政策 2 项，经济（金融）政策工具 62 项，信息政策工具 24 项，合作伙伴政策工具 18 项，混合政策工具 28 项；旨在促进企业社会责任投资的政策条款有 97 项，其中强制性政策工具 8 项，经济（金融）政策工具 32 项，信息政策工具 6 项，合作伙伴政策工具 42 项，混合政策工具 9 项；旨在促进企业社会责任建设和相关信息披露透明度的政策条款

---

① 本书研究参考《中国地方政府推进企业社会责任政策概览》和国家相关部门的政策文本。

有 30 项，其中强制性政策工具 1 项，经济（金融）政策工具 6 项，信息政策工具 14 项，合作伙伴政策工具 8 项，混合政策工具 1 项；旨在树立企业社会责任建设榜样的政策条款 51 项，其中强制性政策工具 19 项，经济（金融）政策工具 2 项，信息政策工具 4 项，合作伙伴政策工具 10 项，混合政策工具 16 项。如图 3－2 所示。

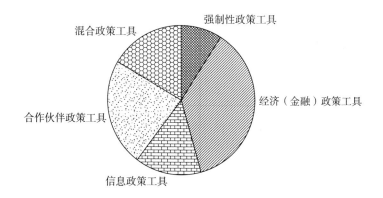

图 3－1　我国政府推进企业社会责任建设的政策工具分类

资料来源：笔者根据政策文本统计整理。

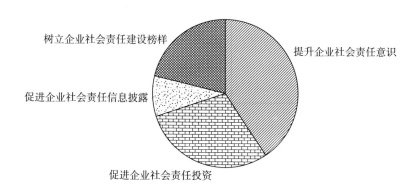

图 3－2　我国政府推进企业社会责任建设主题分类

资料来源：笔者根据政策文本统计整理。

通过对我国政府现行的企业社会责任建设政策的统计分析可以看出，现有的企业社会责任建设政策工具类型全面，而且从一定程度上与国际接轨。在分主题推进企业社会责任建设方面，现有的企业社会责任政策都有涉及。但我国政府在推进中小企业社会责任建设方面存在以下问题：首先是政策规划与政策执行的脱节，现有的各项政策工具没有包含具体的操作规范；其次是政府没有严格区分中小企业社会责任建设与大型企业社会责任建设的区别；最后政策所涉及的主题过于宽泛，没有充分考虑我国中小企业的实际情况。

第三节　我国政府推进中小企业社会责任建设面临的挑战

我国中小企业数量大、经营范围广、地域发展水平参差不齐给政府推进中小企业社会责任建设政策带来挑战。新的政府治理理念要求政府创新中小企业社会责任建设治理模式，防止"过犹不及"的盲目管制对企业发展带来的损害。

我国政府在推进经济体制改革的过程中，尤其在加入世贸组织之后，不断加强企业责任建设，唤醒公众的企业社会责任意识。在宣传企业社会责任理念时将西方概念中公司的公民角色、政治权利和自由发展等内容代换为中国化的企业社会责任理念，即企业公民的集体主义和企业经营的道德底线约束。在推进企业社会责任建设过程中，我国政府依然秉持"企业属性"分类方法，针对不同所有制企业制定不同的企业社会责任政策。2008 年商务部颁布了《外资投资企业履行社会责任指导性意见》（以下简称《指导意见》）①，意在规范国外投资者的经营行为，敦促其履行与国际接轨的企业社会责任准则，践行科学发展观。诚然，我国政府在监管跨国企业履行社会责任方面不遗余力，在可持续发展、经济繁荣、社会和谐、环境保护方面对跨国企业提出了高要求，希望跨国企业能够为中国企业社会责任建设做出榜样。从国外政府推进企业社会责任建设的经验上来看，企业社会责任建设划分为三个层次。首先企业需要遵守本国的法律、法规和商业道德准则，以满足企业社会责任建设方面的操作需求；其次，企业不断调整外部利益相关者的利益诉求和加强企业竞争力追求组织目标之间的平衡；最后，在条件成熟之后企业将自愿开展与经济诉求不太相关的活动，如社会进步、环境保护等。因此，企业社会责任建设要经历"法律义务""政策判断空间"和"自由裁量和自愿行动"三个阶段。目前，我国政府虽然出台了规范国外企业履行社会责任的总体框架，但仍缺乏明确的行动纲领和战略规划，亦无可供参考的细化

① 在于厦门举行的第 12 届中国国际投洽会期间，中国商务部以征求意见的形式发布了《外资投资企业履行社会责任指导性意见》（简称《指导意见》）

标准，这能让跨国企业做到有法可依的第一阶段，从长期来看无法鼓励其上升到政策评判空间和自愿自发的行动两个阶段。

政府在政策层面上判断跨国企业对履行企业社会责任有着较强的市场需求和市场影响力，即不负责任经营无疑会对跨国企业带来灾难，甚至退出中国市场，所以跨国企业履行社会责任的意愿更强。另外，跨国企业具有较高的管理水平，具备履行企业社会责任能力，客观上有条件为其他企业做出榜样。国务院国有资产监督管理委员会颁发了中央国有企业的企业社会责任的指导文件，该指导文件是中央政府对国有企业社会责任建设的权威解释，以促进央属国企履行企业社会责任。目前，政策涉及的国企大约有150家，大都是国内相关产业龙头，他们所控股的子公司在上交所、深交所上市。该指导文件包括四个部分：第一部分央企履行企业社会责任的意义，主要包括企业社会责任是构建和谐社会的重要力量、央企在经济社会和百姓生活中的重要地位、公众预期、可持续发展和国际竞争几个方面。第二部分涉及央企履行企业社会责任的基本目标，包括国有企业社会责任建设典范和国企改革的应有之义。第三部分涉及中央对央企履行企业社会责任的指导方向，包括守法诚信经营、增加利润、提升产品服务质量、提升资源利用效率和环境保护水平、加强科技创新、保证生产安全、保证员工合法权益、开展慈善活动。第四部分主要是为央企履行社会责任提出了实施办法，包括加强企业员工社会责任教育、进行企业社会责任战略管理、编写企业社会责任发展报告等。

政府对上市公司社会责任行为的管理也在2006年提上正式日程。深圳证券交易所颁布实施了《上市公司社会责任指引》。该政策明确了上市公司的责任和义务，这些责任包括对自然环境、不可再生能源、资源以及股东、债权人、职工、客户、消费者、供应商、社区等利益相关方所应承担的责任。社会组织和专业评估机构对上市企业的社会责任建设问题进行了深入研究。中国上市企业开始引入社会责任报告制度。企业社会责任报告作为国际公认的上市公司社会责任管理和审计载体具有固定的格式，对报告内容有严格要求。企业社会责任报告制度是中国上市企业社会责任管理的关键一步，得到政府的肯定和支持。随后，上海证券交易所颁布执行《关于加强上市公司社会责任承担工作暨发布〈上海证券交易所上市公司环境信息披露指引〉的通知》。这一政策在倡导上市企业履行社会责任的同时，制定了信息披露制度，有效保障公众的知情权和监督权。

综上，我国政府在推进中小企业社会责任建设的过程中试图使用"让有条件有实力的企业率先进行企业社会责任建设，为后进企业包括中小企业树立榜样"

的战略方针。从实践上看，先是中央政府层面对跨国企业的企业社会责任履行进行了较为严格的规范，提出高要求。因为第一跨国企业有用雄厚的资本实力拥有履行全面企业社会责任的经济能力；第二跨国企业的母公司往往位于发达国家经历过企业社会责任运动的洗礼和高水平的政府企业社会责任监督，拥有履行企业社会责任的技术水平和管理能力；第三跨国企业易于受到舆论影响，方便舆论监督，客观上给予跨国企业履行社会责任的动力。而后，隶属于国务院的国资委对央属国有企业的企业社会责任建设给予规范和指导，但是其要求高度和跨国企业不可相提并论。进而，沪深两市对国内上市公司提出企业社会责任披露的要求，加强企业社会责任建设。我国政府现行的企业社会责任推进模式呈现"抓大放小"的特征，如图3-3所示。

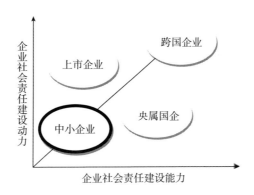

图3-3 我国政府在推进企业社会责任建设中抓大放小

图3-3的横坐标代表企业履行社会责任的能力，包括资金、技术、管理水平等，纵坐标代表企业进行社会责任建设的动力，相当于企业忽视社会责任建设对企业经营业绩影响的反函数。政府之所以将推进企业社会责任建设的重点放在跨国企业、央属国企和上市企业是因为这三类企业满足以下几个条件：第一，这三类企业有条件、有动力进行企业社会责任建设；第二，企业管理体系健全，可提供详细企业社会责任报告，便于监督；第三，此三类企业拥有专门的政府管理机构，如国资委、证监会等，对其企业社会责任建设行为进行管理，及时调整相关政策。政府没有针对性地对中小企业社会责任建设进行推进也是因为中小企业不符合上述三个条件。政府希望用先进带动后进；让中小企业在较为成熟的大企业履行社会责任之后，在企业社会责任建设的大趋势下，提升企业社会责任建设水平。这种想法在理论上行不通，在其他国家推进中小企业社会责任建设的实践

经验上也未得到验证，因为中小企业的社会责任建设与大企业有着根本的不同。如表3-2所示。

表3-2　不同规模企业在企业社会责任建设中存在显著差异

	大企业	中小企业
企业社会责任建设动力	提升企业竞争力、回应公众和舆论压力、企业形象	积累"社会资本"
企业社会责任建设决策	专门的企业社会责任建设设计部门、股东和管理层团队决策	企业主个人决策
企业社会责任建设影响	全国范围内，形成专业深刻影响和舆论导向	内部员工和密切的利益相关者之间
企业社会责任呈现方式	专业化、标准化的企业社会责任报告，可供第三方审计机构审查	形式不固定，审核难度大
企业社会责任退出机制	严格，高退出风险	灵活，企业主个人意志
企业社会责任监管机制	健全，政府管理部门、第三部门、专业机构、公众、同行业竞争者	无，政府监督难度大，专业机构监督成本高，公众监督影响小

通过对我国政府企业社会责任建设历史和现状分析，本书认为我国中小企业不可能模仿大型企业或上市公司的企业社会责任建设模式，政府亦无法将推进大型企业社会责任建设的战略照搬到中小企业社会责任建设上来，政府必须找到新的战略模式和角色以推进中小企业社会责任建设。

第四章 我国政府推进中小企业
社会责任建设的角色战略研究

在回顾我国政府推进中小企业社会责任建设历程的基础上，针对现有中小企业社会责任建设政策存在的问题，本章提出我国政府推进中小企业社会责任建设的政府角色模型。进而通过中小企业社会责任建设的战略环境分析，结合我国政府企业社会责任治理的需要，构建我国政府的角色战略模型，分类别推进中小企业社会责任建设。

第一节 我国政府推进中小企业社会责任
建设的政策工具分析

通过对我国政府推进中小企业社会责任建设的历程分析我们可以看到，我国政府正在积极有序地推进中小企业社会责任建设，并出台了一系列公共政策以督促和保证中小企业不断履行社会责任。本节重点在概念上和经验上分析我国政府推进中小企业社会责任建设政策的特点。同时，借鉴国外政府在企业社会责任治理过程中的政策选择经验，为我国政府未来的企业社会责任促进政策设计提供参考方案。

一、政府推进中小企业社会责任建设的政策工具分类

在政策分析理论中，政府通常被视作一个民主合法的和潜在且强大的利益相关者群体的代表。政府不但可以通过设定企业社会责任的范围边界，而且还通过规定中小企业社会责任履行的法律底线来加强中小企业的社会责任建设。政府利

用强制或非强制手段促使中小企业建立起相应的社会责任管理系统（Albareda et al.，2006，2007，2008；Müller and Siebenhüner，2007；Steurer，2010）。"软政策"可以替换或者补充"硬政策"（强制执行政策）在法规上的不足，在强制性政策的社会或环境等标准引发公共争议或不能继续推进时软性政策可以加以解释，补偿政治损失（Haufler，2001；Moon，2002，2007）。鉴于目前公认的企业社会责任概念强调企业履行社会责任的自愿性，我国政府在制定中小企业社会责任政策时应考虑政策的性质和政策组合的科学性。考虑到我国中小企业发展水平参差不齐，以及经营范围和分布的广泛性，给政府的监督管理带来极大的阻碍，因此政府对中小企业社会责任的建设问题应以软性的促进、激励政策为主。就发展中国家而言，对企业社会责任建设实施的软性政策体现了政府在政治上的权变方法以弥补一贯的政治和管理上与发达国家的差距（Steurer and Konrad，2009）。

（一）政策工具性质分类

基于 Steurer 的政府角色理论，本节将政府促进中小企业社会责任建设的公共政策分为五类政策工具，包括法律、经济、信息、伙伴关系、混合工具；四种行动领域，包括提升企业社会责任意识、增强中小企业社会责任履行的透明度、企业社会责任投资和企业社会责任榜样建设。政策工具可以被定义为"政府治理工具"，体现了政府可以使用以影响政府政策体系的相当数量的方式或方法（Howlett and Ramesh，1993）。目前，在公共管理领域尚未对政府政策工具的特点、特征有一致定论。在中小企业社会责任政策五类法分析的基础上，Steurer（2010）对每种政策加之以形象比喻："大棒""胡萝卜""布道""纽带""黏合剂"。如表 4-1 所示。

表 4-1　按政策性质划分的政府中小企业社会责任建设工具类型

工具名称	政策性质	政策描述
法律工具	"大棒"	政府利用法律、法规和审判权力对中小企业社会责任建设进行规范，并采取相应行动，其基本原则是层次性和权威性。在我国政府促进中小企业社会责任建设的政策体系下，政府出台的强制政策，例如指令和法规往往只是提出建议，而不是直接的执行命令
经济工具	"胡萝卜"	通常与政府的金融机构、税务机关和国家资源管理部门相关，通过经济和金融刺激鼓励中小企业履行社会责任。在我国政府企业社会责任建设政策背景下，多指补贴和政府奖励

工具名称	政策性质	政策描述
信息工具	"传道"	政府基于自身的企业社会责任建设技术知识，从理论和实践层面出发"劝说"中小企业履行社会责任。政府往往强调选择履行企业社会责任及其可能产生的后果，此类政策往往没有限制或惩罚措施。在我国政府的企业社会责任政策实践中此类工具包括政府主办的中小企业社会责任促进活动、政府针对中小企业进行社会责任建设的现场指导、政府对中小企业管理者的社会责任建设技能培训和理念灌输课程、相关政府网站建设
合作伙伴工具	"纽带"	政府将中小企业和政府机构或中介机构纳入合作伙伴关系，针对中小企业社会责任建设政策进行探讨，并达成共识。双方旨在交换企业社会责任建设方面的资源和意见，目的是避免政府的强制政策
混合工具	"黏合剂"	政府将以上四种政策工具中的两种或更多混合使用视为混合政策工具。为了对不同政策性质的效果进行对冲

资料来源：Steurer R. The role of governments in corporate social responsibility: characterising public policies on CSR in Europe [J]. Policy Sciences, 2010, 43 (1): 49-72.

（二）政策工具主题分类

上文将政府促进中小企业社会责任建设的政策分为五种类型，用比喻的方式说明了政府在政策工具选择时所持的态度。虽然，政府在企业社会责任方面的强制性的社会和环境政策可以和其他软性政策区别开来，但这并不意味着政府企业社会责任政策的主题会偏离软性的政府与企业合作治理企业社会责任建设问题的大方向。政府更愿意将督促企业履行社会责任的软性政策作为强制政策的有益补充。基于对我国政府促进企业社会责任建设现有政策的系统分析，本节得出了政府推进中小企业社会责任建设的四大主题，如表4-2所示。

表4-2 政府企业社会责任建设政策工具主题分类

序号	工具主题	政策工具描述
1	提升企业社会责任意识和能力	促使中小企业将企业社会责任意识和能力转化为行动：由于企业社会责任的自愿性，相应的企业社会责任建设行为主要依靠中小企业对自身造成的环境和社会问题的关心程度。因此，政府在促进中小企业社会责任履行方面的一项重要工作就是提升中小企业的社会责任意识，加强政府和企业的社会责任建设能力，化理念为行动

续表

序号	工具主题	政策工具描述
2	提升企业社会责任信息的传播质量和透明度	可靠的经济、社会和环境的信息是中小企业管理者、投资者和利益相关者关注企业社会责任问题的关键，是中小企业投身企业社会责任建设的依据，政府需要准确、如实地报告中小企业对社会、环境造成的影响
3	促进企业社会责任投资	考虑到经济、社会、环境和其他道德标准对企业社会责任投资的影响，企业社会责任投资反映了中小企业管理者及其利益相关者的投资兴趣。如果政府促进中小企业的社会责任投资，将有助于将中小企业社会责任建设嵌入资本市场，解决中小企业社会责任建设的融资问题
4	设立企业社会责任建设榜样	政府通过自身或者所属中介机构、企业等组织的企业社会责任建设为中小企业树立榜样。例如率先在政府采购中引入企业社会责任标准，率先号召国有企业履行企业社会责任

二、我国政府推进中小企业社会责任建设政策工具选择框架

将五种政策工具类型和四种政策主题相结合，可以得到我国政府推进中小企业社会责任建设政策工具的矩阵模型和分析框架。这种政策分类框架为政府推进企业社会责任建设的政策选择提供了系统依据，规避了政府企业社会责任政策制定的三重阻碍。首先，避免将政府的企业社会责任政策视作一个随机模型；其次，避免将企业社会责任政策作为经验性描述来研究，而缺乏理论指导；最后，避免了政策工具的重复。如表4-3所示，其中着色部分政策内容在强制性和行动力方面要高于非着色部分政策工具。

表4-3　我国政府推进中小企业社会责任建设政策工具选择框架

		政策主题			
		1. 提升企业社会责任建设意识和能力	2. 提升企业社会责任建设信息披露和透明度	3. 促进企业社会责任投资	4. 树立企业社会责任建设榜样（政府采购、国企经营等）
政策工具类型	a. 法律	○企业社会责任建设法律法规	○企业社会责任报告法 ○企业社会责任建设信息披露法	○企业社会责任投资法 ○反不负责投资法	○政府采购法 ○政府社会责任投资法

		政策主题			
		1. 提升企业社会责任建设意识和能力	2. 提升企业社会责任建设信息披露和透明度	3. 促进企业社会责任投资	4. 树立企业社会责任建设榜样（政府采购、国企经营等）
政策工具类型	b. 经济	○与企业社会责任建设活动相关的补贴、奖金、低息贷款、进出口配额等 ○与企业慈善行为相关的税收减免	○颁发企业社会责任报告奖	○对投资者的税收减免鼓励 ○财政补贴	▲通常没有经济政策以促进政府树立榜样，我国的国企情况特殊
	c. 信息	○调研和教育活动（会议、研讨和培训） ○信息资源服务（宣传册、网站和报告） ○导引或指导原则 ○企业社会责任建设运动	○企业社会责任报告导引 ○企业社会责任报告信息	○社会责任投资信息（宣传册和网站） ○社会责任投资导引和标准	○向政府的中介机构和下属部门提供企业社会责任建设指导，设立网站等 ○出版政府企业社会责任建设报告
	d. 合作	○网络和伙伴关系（战略和慈善层面） ○自愿或谈判达成协议	○企业社会责任联络点 ○多方利益相关者论坛	○社会责任投资的网络和伙伴关系	○政府、国企社会责任建设沟通网络
	e. 混合	○企业社会责任建设中心，联络点和项目（信息与伙伴） ○多方利益相关者行动参与企业社会责任报告编制（信息、合作和经济） ○企业社会责任"黑白名单"（信息和经济）	○产品责任标签（信息和经济）	○企业社会责任建设基金促进企业社会责任投资（合作、信息和经济）	○政府和国企的责任采购战略和责任投资战略（所有工具综合）
		○政府依据其战略和行动计划变迁调整企业社会责任政策			

第二节　我国政府推进中小企业社会责任建设的角色理论研究

　　本节主要论述我国政府在推进中小企业社会责任建设中的角色理论及政府角

色框架模型。首先，政府角色理论缘起于中小企业社会责任问题的广泛讨论。政府将中小企业社会责任建设作为提升政府治理能力、与企业部门合作共同应对社会可持续发展问题的重要工具。其次，政府角色选择的影响因素分析。中国政府在世界经济中的影响力不断加强，负责任的大国形象日益显现。政府在国际交往互动中，受到联合国全球契约和欧洲议会在促进企业社会责任建设中所扮演的角色以及收到的效果的启示，开始反思和改进我国政府在推进中小企业社会责任建设中的角色。最后，政府在推进中小企业社会责任建设中的角色选择框架分析。这是在总结了政府角色理论的特征和各国政府在实践中的经验教训基础上，最终形成的一套"理想的"政府角色框架。

一、政府推进企业社会责任建设的角色理论分析

政府推进企业社会责任建设中的角色理论是欧盟国家的政府和公共部门在解决企业发展过程中带来的社会和环境可持续发展问题过程所形成的一套理论体系。在企业社会责任建设方面，政府正在与其他利益相关者一道扮演着更加重要的推进者角色。欧洲委员会以《促进企业社会责任的欧洲框架政策绿皮书》为代表，强调公共政策对企业社会责任建设的作用。同时政府及其公共部门在推进企业社会责任建设的政策执行过程中发现，政府需要定位其角色以培养企业社会责任意识，促进企业社会责任建设，并将企业的社会责任战略和政府推进中小企业社会责任战略行动相结合。

政府推进企业社会责任建设的角色理论直观上看是各级政府及其中介部门在推进企业社会责任建设过程中扮演的角色，角色的种类和性质与政府推进企业社会责任建设的公共政策的性质相关联。但与政策分析不同，政府角色理论是一个解释框架，对政府企业社会责任建设方面所持的愿景、价值理念、战略和角色定位进行分析和解释，通过对政府及其合作伙伴的综合分析，帮助政府建立与企业和社会组织之间的合作伙伴关系，并不断调整政府自身的角色定位，以促进企业社会责任建设。与公共政策分析理论不同，政府角色理论产生于政府与其他利益相关者合作共同促进企业社会责任建设的过程中（Moon，2004），政府的角色是一个相对概念，与其合作伙伴的角色相互衬托（Fox et al.，2002）。政府在推进企业社会责任建设中所扮演角色的变迁受到其他政府、国际组织（如欧洲各国政府、欧洲议会和联合国国际契约）的影响和加强（Aaronson and Reeves，2002b）。

政府角色理论视角下的企业社会责任政策分析模型旨在分析政府在企业社会

责任政策领域与企业部门和社会部门的合作关系（Albareda, 2004; Midttun, 2005）。该模型工具将政府的企业社会责任政策分析聚焦于两个主要视角：政府整体的企业社会责任政策框架和政策执行中的具体政策和行动方案。在此理论背景下，政府处在一个新的关系模式中，政府与企业部门和社会部门之间就企业社会责任问题交换看法，共同促进企业社会责任政策的发展。通过对政府、企业和社会三者之间互动关系的分析可以形成对企业社会责任政策制定更加完整的愿景。如图4-1所示，政府的企业社会责任政策和行动方案通过以下四种关系得以阐释：公共管理中的企业社会责任、政府企业关系中的企业社会责任、政府与社会关系中的企业社会责任和三部门交叉关系中的企业社会责任，最终形成了结合政府、企业和社会共同参与的企业社会责任政策和行动方案。

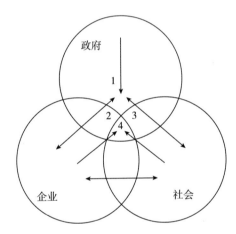

图4-1　政府角色理论下的企业社会责任政策分析模型

资料来源：Mendoza, X. Las transformaciones del sector publico en las sociedades avanzadas［J］. Del estado del bienestar al estado relacional. Papers de Formacio, 1996（23）.

二、政府角色理论视角下企业社会责任治理模式

在此基础上，Midttun（2005）提出新的嵌入关系模型，即企业社会责任合作治理的新兴模型。该模型继承了"韦伯理想类型概念"（Weberian Ideal Type Concept）。该理论比较了三种国家治理模式——新自由主义模式、福利国家模式和新兴的嵌入式关系模型——用交换理论对老的模型进行了改良。企业社会责任合作治理的新兴模型更多依靠分散式的社会倡议、媒体曝光和企业自我规范，较少地依靠政府强制干预。通过分析政府在政治、商业和管制交换关系中的角色类

型，Midttun（2005）力求找准企业社会责任的治理模式与其他两个"经典"理想类型相比具有的特点。他的结论是：政府需要管理公众对这三种交换关系的期望值，以实现政府、企业和社会之间的合作关系，共同促进企业社会责任建设。笔者将嵌入关系模型作为解释政府的现状和角色变迁。同时，该模型还讨论了企业社会责任建设能否成为政府、企业和社会三者关系中的新要素，以促进政府的合作治理。该模型主张，政府采取软性的刺激政策以促进企业社会责任建设，将政府定义为一个参与者、组织者或促进者的柔和角色。政府作为企业和社会的战略合作伙伴，通过与社会经济进程的互动和媒体扩张将社会责任重新注入企业。

政府在推进企业社会责任建设中的角色理论在不同国家政治背景下的具体应用情况受到三个方面的影响：该国企业参与国际商务贸易的程度、国家政治体制转型期和社会可持续发展给政府带来的治理挑战。一些学者分析了国际贸易对一国企业履行社会责任的影响，Zadek（2001）指出企业社会责任行为是国际商务不断发展的结果，受到国际贸易影响较大的国家，政府在促进企业社会责任建设中的角色被削弱，企业部门成为企业社会责任建设的主导者。Crane 和 Matten（2004）解释了对于企业社会责任议题，政府为什么要从管治者角色过渡到合作者和促进者角色。因为受到国际经济贸易的影响，新的经济关系已经超越了国界，企业社会责任的实践将在更广阔的文明社会背景下进行。处于不同转型期的国家，政府在企业社会责任建设方面扮演的角色也不相同，在工业社会，政府需要发挥其权威强力规制企业在生产经营中的不正当行为，以严格的法规和制度引导企业朝着政府希望的方向成长。在后工业社会，企业社会责任问题是伴随着政府治理面临的挑战和公众希望政府治理某种社会问题而产生的，如失业、贫困和社会结构等（Moon，2002，2004）。英国起初制定企业社会责任政策的目的是解决公众关心的失业和经济停滞问题。福利国家的危机使人们重新思考政府在企业社会责任建设中的角色，合作治理应运而生（Nelson and Zadek，2008；Gribben et al.，2001；Kjaergaard and Westphalen，2001）。总之，政府角色理论来源于企业社会责任研究者对政府公共政策的分析和反思，但政府在促进企业社会责任建设中的角色理论要比企业社会责任政策分析更复杂、更深入。如表4-4所示。

三、政府推进中小企业社会责任建设的角色选择框架分析

在政府推进企业社会责任建设角色理论的基础上，政府根据企业社会责任建设公共政策关系分析框架（见图4-1）决定自身在处理企业社会责任问题中的

表4-4　政府角色研究与公共政策分析的差异

	企业社会责任政策分析研究	政府企业社会责任建设角色理论研究
研究内容	硬性，边界明确的政策条款	软性，跨边界，更具有弹性的政府政策、行动、倡议等
理论框架	综合性、概括性分析框架	解释性、演绎框架
分析维度	平面，政府视角	立体，政府、企业和社会视角的切换
研究重点	现有政策内容及绩效	政策制定逻辑，不同政策制定主体的分工协作
研究目的	修正，向政府提出改进意见	变革，重新思考下阶段的愿景、战略和分工合作

角色定位。政府的角色定位受到两个维度的影响：政府政策框架的初步分析和政府政策执行的深入分析。首先政府政策框架初步分析层面，本章绘制了表4-1以分析政府如何清晰地表达并组织企业社会责任建设推进行动和政策范围，政府的这些倡议和战略如何落实为区域性和地方性的企业社会责任建设政策，政府与其他中介组织的关系如何。其次，在政策执行的进阶分析层面，通过对已经实施的企业社会责任政策分析，明确政府在与企业部门和社会互动过程中的角色分工（见图4-2）。

　　进而，本章通过对中国及各发达国家的政府企业社会责任建设行为的综合分析，建立了一个包含所有政府企业社会责任公共政策的横向模式（见图4-2）。通过合并归类，本章绘制全面详细的结构图以定位各国政府推进企业社会责任建设的举措和方案（见表4-5）。由此，本章绘制了各国政府推进企业社会责任建设的全景图，这使得我们可以从政府角色理论出发，以合作治理企业社会责任问题的视角，全面分析政府在企业社会责任建设中的角色选择。

　　图4-2阐释了政府在与企业部门和社会部门及其三者交叉协作三种情况下的企业社会责任政策的内容主旨和政策方向。其中，硬性的管制政策可以由政府独立制定、政府与企业合作制定也可以由政府社会部门共同制定，但三者的强制程度不同，呈现依次下降水平。可见，当政府与企业和社会部门合作共同治理企业社会责任，硬性的法律法规所占的政策比例只是小部分，更多的还是采取硬性政策软执行化，即政策的出台机构具有权威性，政策条文具有强制性，但监督执行具有政府、企业部门、社会部门的协同监督管理属性。所以，在政府角色理论下，企业社会责任建设政策还是以软性的促进或激励政策为主，如表4-5所示。

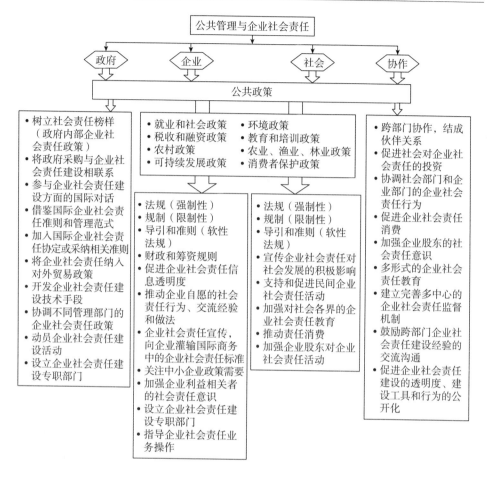

图4-2　政府角色理论视角下的中小企业社会责任政策横向分析

资料来源：Laura Albareda，Josep M. Lozano，Tamyko Ysa. Public Policies on Corporate Social Responsibility：The Role of Government in Europe［J］. Journal of Business Ethics，2007（74）：391-407.

在分析了政府角色理论视角下政府在与企业部门和社会部门合作治理中小企业社会责任建设政策的基础上，本章将我国政府在治理中小企业社会责任建设问题中的角色按照政府主导力量的强弱依次划分为执法者、管治者、规制者和组织者（见表4-6）。这种划分方式是出于三方面的考虑：第一，目前在我国政府治理大环境下，人民群众偏好一个强有力的政府对企业的违规违法问题进行管制；第二，我国中小企业发展水平参差不齐，加之政府近年鼓励创业政策使得处于企业生命周期初期的企业占大多数，需要政府加强引导；第三，我国的社会部门（泛指人民群众）利益诉求传达途径有限，缺少高质量的社会组织，难以将企业

表4-5 政府角色视角下中小企业社会责任治理的具体政策分类

	政策类型	具体行动
1. 政府独立制定的企业社会责任政策		
内部	自身树立榜样	政府机关的社会责任履行规划 工作—生活平衡、机会平等、道德投资、防欺诈和腐败政策 优秀雇主认证
	设立管理部门	设立企业社会责任信息中心 设立企业社会责任监督组织和控制系统
	协调政府机构	企业社会责任管理首长负责制 协调跨政府合作的企业社会责任建设项目 进行企业社会责任治理的弹性研究开发新法律法规
	企业社会责任能力建设	企业社会责任研发项目筹资 资助与政府合作的企业执行企业社会责任项目 出版企业社会责任指南和社会宣传文本
	政府开支	设定公共产品供应商的社会和环境标准 责任采购和责任合约
	企业社会责任运动	宣传企业社会责任履行给社会和环境带来的积极影响 企业社会责任民意调查 设立企业社会责任奖 通过多渠道向企业和社会倡议企业社会责任
	企业社会责任国际交流	
	参加国际活动	企业社会责任国际会议 联合国全球契约
	国际企业社会责任理念	政府与国际企业社会责任组织签订合作协议 地区性企业社会责任专题研讨会 加入地区性企业社会责任共同标准
	加入国际协定	加入全球企业社会责任治理框架 开发企业社会责任国际认证系统 设立政府企业社会责任国际标准认证部门
外部	无	

续表

	政策类型	具体行动
2. 政府与企业部门关系中的企业社会责任		
软性政策	提升企业的社会责任意识	确立和促进企业导向的企业社会责任
		通过专业网站、期刊推广企业社会责任
		为企业提供社会责任履行咨询与服务
		开展企业社会责任调查和宣传活动
	促进和支持企业自愿行动	促进企业接纳企业社会责任理念
		鼓励企业发布企业社会责任报告
		鼓励企业间交流和分享企业社会责任建设经验
		推广社会责任投资、环保标准、公平贸易、可持续消费
		在企业中发展工作与生活的平衡、平等的机会，员工志愿服务
		提升员工的工作条件，终身学习
		促进企业社会责任建设网络化
		加强政府—企业间合作关系，发展政府—企业—社会合作关系
	企业社会责任能力建设	投入资金支持企业社会责任方面的研究和创新
		支持企业与高校和科研院所合作推进企业社会责任建设
		指定企业社会责任行为准则并提供技术援助
		鼓励企业指定可持续发展战略规划
	提升利益相关者的企业社会责任观念	评估企业社会责任建设对利益相关者的影响
		培育有利于企业社会责任建设的市场偏好（价格政策、竞争优势和投资原则）
		加强利益相关者各方关于企业社会责任建设展开对话
	企业社会责任建设国际化	鼓励企业采用企业社会责任国际标准
		推广企业的商业道德行为（劳工标准、人权保护和反贿赂）
	提升企业社会责任透明度和融合度	出台企业社会责任管理模式、管理标准、报告标准和审计标准
		实施公平贸易标签制度
		加强企业社会责任分析标准化建设
		促进国际商务协定中的企业社会责任准则的本地化
	建立评价和问责机制	建立企业社会责任问责和审计机制
		企业社会责任报告的"三重底线"原则
		开发企业社会责任建设的社会和环境标志
	税收和融资政策	对于履行社会责任较好的企业采取税收优惠政策
		对履行企业社会责任优秀企业提供现金流支持
		通过财政补贴机制促进企业社会责任投资

续表

	政策类型	具体行动
硬性政策	完善立法法规	完善企业社会责任投资法律法规 强制执行企业养老金投资比例 迫使企业进行企业社会责任报告及信息披露 颁布企业公共合同中社会责任履行条款 对企业经营中的环境保护行为进行法律规范
	强制采用国际标准	迫使企业采用国际社会责任标准和认证

3. 政府与社会部门关系中的企业社会责任

	政策类型	具体行动
软性政策	提升企业的社会责任意识	分析和传播业务运营对社会的积极影响（工作与生活的平衡，社会和谐）的良好做法 民间社会和政府合作计划的税收优惠政策 对公民社会有积极影响的企业社会责任国际协议的知识传播（人权、劳工标准）
	促进和支持企业自愿行动	宣传运动（可持续消费、出版物、研讨会和广告传播） 道德投资计划 支持公众的社会责任投资举措 支持对社会负责任的消费
	企业社会责任能力建设	出版物、活动、新闻 调查和社会责任建设奖项
	提升利益相关者的企业社会责任观念	建立沟通机制，以促进企业与社区对话 促进透明机制 促进伙伴关系，鼓励企业和社会部门并参与其中
	企业社会责任建设国际化	促进与国际非政府组织的倡议 参加国际组织民间社会活动
	提升企业社会责任透明度和融合度	公平贸易标签计划 重新定义社会企业
	建立评价和问责机制	建立企业社会责任问责和审计机制 企业社会责任报告的"三重底线"原则 开发企业社会责任建设的社会和环境标志
	税收和融资政策	支持对企业履行社会责任，倡议政府，企业和民间社会的伙伴关系
特殊政策	民间组织管理	加强社会组织对企业社会责任投资的管理 加强对社会资助型公共组织与政府签订公共合同中的社会责任投资和环境保护等条款的限制

续表

	政策类型	具体行动
4. 政府、企业与社会部门三方关系中的企业社会责任		
软性政策	提升企业的社会责任意识	政府、企业和社会部门交流成功经验和知识传播 创建国家和地方企业社会责任资源中心
	企业社会责任能力建设	三部门之间定期分享经验和最佳做法 建立企业社会责任业务支持网络 政府、企业部门和社会组织多方利益相关者论坛
	促进和支持企业自愿行动	行为守则圆桌会议 大学企业研究项目，促进对话 在促进创新、试点项目、对话中发挥积极作用
	提升利益相关者的企业社会责任观念	为消费者提供企业产品供应链，产品的可持续性索引信息 为投资者提供企业社会责任建设政策和企业员工养老金、人权等方面的政府、社会期望信息
	企业社会责任建设国际化	企业社会责任建设国际合作伙伴关系 企业社会责任履行网络和联盟 政府、企业和社会多方利益相关者论坛
	提升企业社会责任透明度和融合度	管理标准和行为守则促进简单而灵活的指标
	建立评价和问责机制	建立企业社会责任问责和审计机制 企业社会责任报告的"三重底线"原则 开发企业社会责任建设的社会和环境标志
特殊政策	跨部门政策	
	社区行动	城市发展改革项目 贫困地区的教育项目
	三部门合作伙伴关系	加强企业责任网络建设（公共/私营部门参与） 新的社会伙伴关系和共同框架 不同部门对城市改革当地合作伙伴关系 利益相关者参与制定准则 将更多部门纳入企业社会责任建设体系
	社会责任投资和公平贸易	与社会、环境标准相一致的企业社会责任建设基金 增加社会责任投资的透明度 考虑企业社会责任建设，诉求保留、选择和采纳社会责任投资项目

表4-6 我国政府推进中小企业社会责任建设中的角色选择框架

政府角色	政策力度	合作伙伴	战略目标
执法者	强制力、严监督、高处罚	无	落实中小企业的"底线型"社会责任，回应社会关切
管治者	管治力、"触发"审查、经济处罚	企业	提升中小企业社会责任建设"平均水平"，与地方政府社会发展战略相匹配
规制者	权威影响力、规则制定、充当裁判	社会	提升中小企业社会责任建设的"紧迫感"，鼓励中小企业履行更全面的社会责任
组织者	政府号召力、提供机会、调解劝说	企业、社会	中小企业社会责任创新，推动中小企业社会责任管理方式变革

社会责任建设中的利益相关者的影响力形成合力，配合政府推进中小企业社会责任建设，落实政府角色的能力有限。

"执法者"一词源于英文单词 Regulator 和 Enforcer。在政府推进企业社会责任建设的角色理论中，政府的这一角色强调使用强制力量（法律、法规）对企业的违规行为进行管理和查处。主要体现在政府的行动。结合中国实际和我国政府行政过程的特点，本章将政府的这一角色翻译为"执法者"。"管治者"一词源于英文单词 Govern（治理），在政府角色理论中，管治者的特点是对问题进行管理，并强调对问题的回应和解决。结合中文语境，将其翻译为"管治者"，体现政府对企业社会责任建设的管理、督导和协商反馈，与"管制者"相区别。规制者一词源于英文 Rule - maker，强调政府主导制定规则，让市场机制发挥调节作用，促进企业社会责任建设。结合中文语境将其翻译为"规制者"。"组织者"一词的对应英文为 Organizer，主要侧重政府发挥号召力和舆论影响力，为社会公众和企业创造共同参与企业社会责任建设的机会。

第三节　我国政府推进中小企业
社会责任建设角色战略

本节在政府企业社会责任建设政策工具分析和治理视角下政府在推进中小企业社会责任建设角色分析的基础上，本节将政府和公共部门战略管理理论引入政府的中小企业社会责任建设过程，以便于在地方政府层面和不同政府职责部门层面探讨政府的角色定位。同时，本节将政府和公共部门战略管理与政府中小企业社会责任建设的角色理论相结合，可以更系统地分析不同政府角色的优势和不足。本书还将地方政府总体发展战略与政府推进中小企业社会责任建设的不同角色相结合，按照政府总体发展规划的时间轴将政府建设中小企业社会责任视作一个过程，研究政府角色变迁对中小企业社会责任建设的影响。最终目的是回答我国政府如何以较低的政府支出，在提升政府治理水平的基础上长期持续地推进中小企业社会责任建设。

一、将政府推进中小企业社会责任建设纳入战略管理框架

政府战略管理是在政府行政环境不断复杂变动的大背景下，政府原有的短期行动计划不能满足权威网络和外部利益相关者的期望，为了回应政府管理科学性和有效性的质疑，政府借鉴企业战略管理思想对政府目标进行规划。政府战略管理在实践中不断深化，由学术界评论总结，最终形成公共和第三部门的战略管理理论。战略管理已成为政府管理的重要模式，本书将政府推进中小企业社会责任建设作为一项政府战略纳入政府战略管理是出于两方面的原因：第一，政府战略研究政府在处理不同政策议题中的角色定位，这与政府角色理论相一致，可以通过地方政府和具体公共部门的战略框架将政府推进中小企业社会责任建设角色战略落实到基层政府，可以更好地指导地方政府及其公共部门推进中小企业社会责任建设。第二，通过政府战略管理中张力理论的分析，可以帮助政府决定推进中小企业社会责任建设过程中的角色取舍，以及如何通过与企业部门和社会部门的合作化解政府在推进中小企业社会责任建设中的阻力。

20世纪80年代，美国和欧洲发达国家的学术界和民间兴起了讨伐政府僵化管理方式的社会运动。迫于经济发展下行压力和政治人物选举需要，英国最先兴起了公共机构向企业部门改革的潮流。这种潮流给政府执政方式带来的最大变革是政府的服务对象——以民众为中心，将民众视作购买政府服务的消费者，政府是提供产品的企业。企业理所应当地提供高质量产品，把顾客需求当作第一要求，把顾客的满意当作政府绩效的最好评价。这就是"新公共管理"运动的由来。新公共管理运动带来的政府效率的提升在短期内得到了公众的肯定。然而，随着运动进一步发展，政府部门的私营化拓展到更多的领域。民众发现自己购买的政府服务的质量越来越没有标准。公民自身的政治权利被弱化，政府在行政过程中变得更加"自主"。理论界开始重新反思政府的角色问题，随之引发了"新公共服务"运动。新公共服务的核心思想是政府要把公众纳入服务提供者范畴，

加强与社区和服务受众的协商。政府要怎样与公众合作成了亟须解决的理论问题。与此同时，针对这一问题马克·莫尔（2003）教授进行了探索性研究，他首先提出政府通过行政的目标定位创造公共价值。基于这个价值提出三个路径——使命管理、政治管理和运营管理。这就形成了早期公共部门战略管理的理论框架，即"政府战略三角模型"，如图4-3所示。

图4-3 莫尔政府战略三角模型

资料来源：马克·莫尔. 创造公共价值——政府战略管理［M］. 北京：清华大学出版社，2003.

本书将政府推进中小企业社会责任建设这一议题纳入政府战略管理，按照政府战略管理三角模型，政府推进中小企业社会责任建设战略的目标是实现更高层次的公共价值，创造公共价值社会传播路径。如何判断政府是否实现了社会责任建设的公共价值，莫尔从三个方面给出答案：政府战略目标与公众需求的符合程度来判断方向的精确程度；政府中小企业社会责任战略与上级权威网络的政治方针的一致性，判断政府角色战略的合法性；管理机构在执行政府角色战略时要进行战略绩效评价，判断战略效果实现的可能性。这三条判断标准依次形成公共战略的使命管理、政治管理和运营管理。战略管理是为了确保政府推进中小企业社会责任工作能够满足或者不损害各方利益相关者的根本利益。

具体来说，政府要强化对战略使命的追求，规划的愿景要和权威网络对本地区的发展战略相匹配。战略目标的评价要足够鲜明有力，才能保证政府对中小企业社会责任建设政策议题的存在感。政治管理方面，要加强与立法机构，政策出台部门、专业管理评估机构的沟通合作。政府角色战略的合法性基础源于政策颁布部门的权威性和法规的支持力度，应从这两方面下功夫，提升中小企业社会责任建设的政治价值。要判断政治价值的高低，政治管理工作的进行遵循特有的发展规律。战略管理者需要找到与中小企业社会责任建设外部利益相关者互动的契机，解释政府为什么不能独立采取手段解决问题。这与上文论述的政府角色理论相关，该理论的出发点就是合作治理，合作是应有之义。在明确合作意向之后，管理者要分析中小企业社会责任建设议题面临的政策环境状况（见图4-4），思考在不同情景假设下如何应对危机。外部利益相关者的合作仍然是战略管理的重要环节，政府角色战略执行者可以把关键人物和组织列举出来，有针对性地制定策略保证政府与关键人物及其组织的合作关系。合作关系形成后，管理者需要评估每组利益相关者（团体）对政府角色战略的影响力，以及对政府上级部门权威网络的游说能力。与外部利益相关者的合作工作完成之后，战略管理行动小组就可以正式成立。小组主要任务是找到议题环境变化的原因，发现其中的规律，为角色战略的变革做准备。如果说政治管理是角色战略的公关前站，那么政府角色战略的运营管理就是内部修炼。政府内部对角色战略的分工合作是影响工作效率的关键。如何保证员工对战略的积极性，服从战略规划，保证人员与能力的匹配，将政府内部员工的积极性充分调动起来向着共同的目标奋斗是最终目的。

政府战略管理的三角模型可以解释和分析政府为单一主体推进中小企业社会责任建设中的战略目标、管理方式等问题，从原则上规范了政府推进中小企业社会责任建设角色战略的方向和战略思路。但是，在提高政府治理水平的背景下，推进中小企业社会责任建设需要政府与企业部门和社会部门通力合作共同领导。政府战略管理的"纳特—巴可夫模式"在政府合作治理的背景下应运而生。

政府角色战略的内容和过程是政府战略管理者最难以把握的两个方面。纳特和巴可夫提出的模型弥补了战略内容和过程相融合的理论空白。战略行动的内容界定了政府角色战略的组成。该模型中内容是战略规划的呈现方式，例如以何种方式分析战略环境，政府角色战略的类型有哪些，哪些部门推进战略行动步骤。过程是内容的操作模式，回答哪些人可以参加战略管理小组（Strategic Management Group）、谁来负责战略规划的分工、如何提升战略决策的科学性等。如图4-4所示。

图4-4　政策议题环境类型

政府角色战略的外部环境分析是通过两个维度来刻画的。来自上级权威网络对于战略行动的压力是纵坐标，这种压力来自上级权威网络关键人物对中小企业社会责任建设的态度。例如地方政府首脑将中小企业商业道德行为上升到区域性社会可持续发展战略，那么政府角色战略将面临较高的外部行动压力。采取行动的压力一般与上级权威网络对政府角色战略的支持正相关。中小企业社会责任建设的利益相关者对政府角色战略的感受所做出的反应被称为公共战略的外部回应度。外部回应度越高，政府寻求合作的机会越大，采取的行动更加多样化。外部回应度作为政府战略环境分析的横坐标，与纵坐标相结合，划分为四种战略环境（见图4-5）。面对不同的战略环境，政府战略管理者需要定位自身的角色。在满足上级权威网络的政治要求和回应外部关切的基础上政府可以在平静的环境中扮演流浪者和官僚角色，官僚角色更为积极，流浪者角色只能守住底线。支配者角色在骚动的环境中太过于强势和独裁，指导者更合适于这种环境。共生者角色能搞满足上级和外部的"双高"预期，但成本较高，益于向妥协者角色转化。局部平静的环境适合采取造势者和适应者角色，造势者角色单单通过舆论宣传和政治演讲安抚公众对政府回应的要求，不如适应者角色务实，能获得更好的战略绩效。

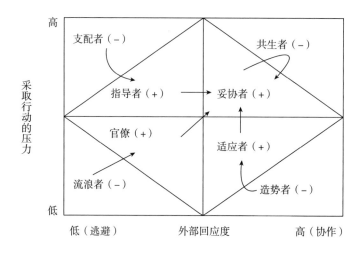

图4-5 与环境相匹配的政府战略类型

将中小企业社会责任建设纳入"纳特-巴可夫模式"分析框架，我们可以看到该议题被政府采取行动压力坐标轴和公众的外部回应度坐标轴分为四个重点，分别是中小企业的"底线型"社会责任建设、中小企业对内部员工的企业社会责任建设、中小企业的企业社会责任理念建设和中小企业的绿色发展责任建设。如图4-6所示。

图4-6　我国政府中小企业社会责任建设的政策环境

　　将我国政府推进中小企业社会责任建设战略按照政府采取行动的压力和外部（企业部门和社会部门）的协作支持程度分为四个象限。"采取行动的压力"和"外部回应度"的测量依据是笔者找到2005～2015年中国学术期刊网上以"中小企业社会责任"为篇名和主题的所有文章。去除内容不相关文章后，剩余128篇，对作者的观点进行了总结。在图4-6中，中小企业的"底线型"社会责任建设的政策环境是骚动的，包括中小企业保证其产品安全和质量的责任、安全生产责任、商业诚信责任等。此类责任大多属于企业商业道德的底线，略高于企业的法定义务。中小企业产品质量和生产卫生问题受到广泛关注，且一旦被媒体曝光往往触目惊心，令人深恶痛绝，造成极坏的社会反响将会直接降低人民群众对政府监管部门的满意度。所以，在中小企业的"底线型"社会责任建设方面，政府受到上级部门和社会舆论压力较大，采取行动的压力较高。相反的，在此领域社会部门的外部回应度（配合政府治理企业不负责任行为的议员和能力）较低。究其原因，企业部门及其内部利益相关者为了降低生产成本逃避政府监管；社会部门（泛指消费者）受制于信息不对等无法及时监督和识别企业的不负责任行为；社会组织虽然具备协作能力和协作意愿，但与庞大的中小企业数量相比显得势单力孤。中小企业社会责任理念建设的政策环境是动荡的，一直受到政府、企业和社会的广泛关注，政府采取行动的压力较大，同时政府能够从企业部门和社会部门得到有力支持。中小企业对内部员工的社会责任建设的政策环境是平静的。由于中小企业在雇佣劳动力方面的政策比较灵活，人员流动性强，合同保障落实不完善，为降低经营成本对员工薪资加以控制。如果没有接到相关举报企业一般不会主动过问，社会对于中小企业员工薪酬的关注也比较低，协作意愿也较低。中小企业的绿色发展责任的政策环境是局部平静的，处于不同产业分工的中小企业面临的绿色发展压力不同，不同地区的政府对中小企业绿色发展的要求亦不尽相同，在这方面政府采取行动的压力因地而异，当政府将战略注意力转向中小企业的绿色发展责任时，往往能够得到企业部门和社会公众的支持。

根据不同的政府中小企业社会责任建设政策环境，政府的角色也应该进行适当调整。图4-7将我国政府在不同企业社会责任建设领域扮演的角色与合作治理视角下我国政府在推进中小企业社会责任建设中应该具备的角色进行了描述，并指出了政府角色转变的方向。通过本章第一节对我国政府目前的中小企业社会责任建设政策的分析，本书认为政府在推进中小企业"底线型"社会责任建设中目前扮演的是支配者角色，应向执法者角色转化，强化政府相关政策法规的落实和监督工作，强调违规必究；我国政府在推进中小企业对内部员工的社会责任建设中目前扮演着流浪者的角色，应该向管治者角色转变，加强与企业间的沟通，监督企业的雇佣和人员管理行为；政府在推进中小企业的绿色发展责任建设中目前扮演着造势者角色，应该向规制者角色转化，加强与企业和社会部门的协作，发挥自身规则制定的权力，落实中小企业间的绿色竞争制度；政府在推进中小企业社会责任理念建设中目前扮演着共生者角色，应向组织者角色转化，在与企业和社会部门协作的基础上，利用政府资源和号召力将政府、企业与社会部门组织起来，针对企业社会责任建设理念进行探讨。

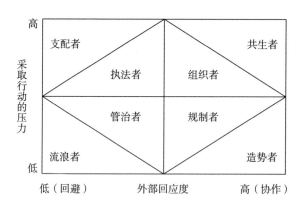

图4-7　与政策环境相匹配的政府角色战略类型

二、我国政府角色战略的影响因素分析

现有的文献针对特定的研究对象从不同的角度识别和分析了影响政府在推进

中小企业社会责任建设中进行角色选择的各种因素。如 Albareda（2002）在对欧盟推进企业社会责任建设的研究中，讨论不同国家的政府与企业之间的关系（如英国政府与企业公私合营）以及不同国家政府的治理能力差异（如政府部门与社会部门协作治理企业社会责任的能力）对政府推进中小企业社会责任建设的激励和阻碍。Parker（2009）在研究欧洲不同国家的政策干预对其中小企业社会责任建设的影响，其中特别强调了不同强制力的政策对不同类型中小企业的影响，反映了图利型、顺从型、竞争优势型和绿色发展型四类中小企业对不同企业社会责任政策的反应，认为政府在选择以何种角色推进中小企业社会责任建设时应考虑到政府的治理能力和预期达到的政策效果之间的平衡。Mette Morsing（2009）在讨论如何将中小企业社会责任建设提上政府日程时，提出政府应将注意力向中小企业倾斜，考虑中小企业社会责任建设政策对企业经营业绩和企业竞争力的影响。按照 Mette Morsing（2009）的观点，判断政府鼓励中小企业承担相应的社会责任的政策合适与否的初步标准是：政府将中小企业的成本控制诉求和同行逆向竞争的担忧考虑到政策制定中。

国内学者和政府管理实践者对中小企业社会责任建设问题进行研究时，对影响中小企业社会责任建设的阻碍因素进行深入探讨，并做了实证分析。外国中小企业与我国的中小企业在履行社会责任的过程中面临相似的阻碍：资金链脆弱、企业主独立管理、受到当地环境的高度影响、社会资本对企业发展至关重要、"信任"是企业履行社会责任的出发点和落脚点等。在讨论我国中小企业社会责任建设的影响因素时，本书从影响的方式和审视的视角两方面，将这些影响因素分成了四类，如图 4-8 所示。

这四类影响因素通过不同的作用机理对政府推进中小企业社会责任建设角色战略选择产生影响。政府角色战略的实施需要得到中小企业内部对社会责任的一致意见。企业内部意见分歧往往发生在保持经营业绩和融入竞争环境两个方面。如果企业预期社会责任行为投入成本不能带来企业经营绩效的提升（至少不能降低），或者预期其他企业规避社会责任建设而形成成本优势。这就是 Mette Morsing（2009）提到的"逆向竞争"问题，那么企业内部将形成分歧，不利于社会责任建设。从政府内部来看，如果政府角色战略达不到上级权威网络对政策强度和政策效果要求的预期，那么政府角色战略可能搁浅。

战略的顺利实施需要市场、政府中介组织、社会组织和各种利益相关者团体发挥作用。我国政府面临的中小企业社会责任建设问题比较复杂，市场主体不易监管，社会组织缺乏利益诉求通道。另外我国政府对企业社会责任建设的管理体制较为单一，加之政府强干预企业经营的历史，使政府在中小企业社会责任建设治理上出现"过犹不及"的态势。

在上文分析了政府和企业的内外部因素对政府角色战略选择的影响，本书从四个象限定位我国政府角色战略的影响因素：第一象限是政策强度因素；第二象限是政策效果因素；第三象限是经营业绩因素；第四象限是竞争因素（见图4-8）。

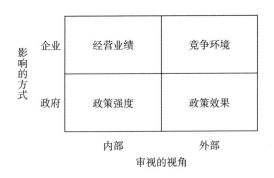

图4-8 政府推进中小企业社会责任建设影响因素分类

1. 政策强度因素（政府因素）

政府推进中小企业社会责任建设的政策强度是影响中小企业社会责任建设的关键因素。Lozano，J. M（2004）对欧洲企业社会责任政策的研究指出中小企业社会责任建设的成果很大部分取决于政府相关政策的强制力高低。政策强制力由政策制定主体的权威性、政策执行的强制性、政策监督的直达性和违背政策的处罚力度四个方面决定。理论上讲，政策强度与中小企业社会责任建设的推进力度成正比例关系，但在实际政策制定方面，高强度政策系统一般需要高投入、独立管理部门、密集监督频率和高处罚力度。这对政府的财力、人力、科技等各种资源的配置和调动都是严峻考验。所以，当政府从自身内部出发制定中小企业社会责任政策时，不能一味追求潜在的政策目标而无限加大政策强度，还要考虑政府的投入压力（见图4-9）。

2. 政策效果因素（政府与社会因素）

从政府对中小企业社会责任建设的影响出发，将审视的角度放在政府外部，影响中小企业社会责任建设的另一因素是政府的政策效果。在此，政策效果特指政府出台的中小企业社会责任建设政策在社会领域产生的影响，包括公众对中小企业社会责任的关注程度、中小企业的利益相关者各方对企业社会责任建设的支持程度、社会舆论对中小企业社会责任建设的影响力等。Joseph（2003）通过对不同国家地区（包括亚洲）的企业社会责任建设情况进行调查，指出企业所处社区和利益相关者的企业社会责任意识和对可持续发展的态度显著影响政府对企业社会责任建设的政策效果，因为同样的政策得到的支持和监督程度不同。Loza-no（2009）研究了中小企业集群对政府企业社会责任政策的反应，指出中小企业的企业主和股东的企业社会责任意识直接决定了中小企业社会责任的理念，企业股东对政府企业社会责任政策的理解决定了企业社会责任的履行程度。

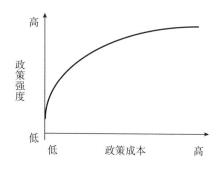

图 4 - 9　政策强度与政策成本关系

3. 经营业绩因素（政府与企业因素）

经营业绩是中小企业是否进行企业社会责任建设的重要因素。Samuel（2006）对中小企业履行社会责任的动因进行研究。得出结论认为中小企业履行企业社会责任的根本激励因素是获取社会资本，取得合作伙伴和顾客的信任，增强其市场竞争力；阻碍因素是中小企业的企业主同时也是企业的管理者，在经营过程中缺乏现金流，企业的资本来源单一，经营预算紧张，往往为了降低经营成本而放弃履行社会责任。中小企业会为了避免影响经营业绩而规避政府的企业社会责任建设政策。

4. 竞争环境因素（政府、企业和社会因素）

竞争环境是指响应政府政策进行企业社会责任建设的中小企业在同行业竞争中的竞争力如何。Borga（2009）对中小企业进行企业社会责任建设的驱动因素和阻碍因素做出分析，认为中小企业在考虑是否落实政府的企业社会责任政策时，除了考虑企业成本因素之外还要考虑同行业其他企业的行为。如果某个中小企业进行企业社会责任建设但其他竞争企业不履行企业社会责任，则该中小企业会对自身的企业社会责任建设行为的意义产生怀疑。另外，中小企业还关注自身企业社会责任建设的市场回应度，如果自己的履责行为没有得到政府和社会公众的认可，或这种认可方式没有转化为市场竞争力，也会削弱中小企业进行企业社会责任建设的积极性。

三、我国政府角色战略影响因素间的张力分析

战略环境分析方法在张力理论提出后产生了巨大变革。Nutt 和 Backff 在其著作《公共和第三部门组织的战略管理》一书中指出，战略的起点是议题，而议题是由诱因触发的新情况构成。政府战略管理者将注意力放在组织的内部或外部，以发展或者保持的眼光审视新情况，就会出现不同的四组相互作用力，即张力。管理者的任务——保证不同利益集团在角力过程中产生的作用力必须将组织向战略目标方向推进。政府存在的合法性是服务选民（公众）利益，偏废任何一方都会造成政治上的偏差，威胁组织的存续和管理者的职业生涯。由此可见，政府角色战略是靠外部威胁倒逼而不断深化和变革的。张力分析的目的是帮助战略规划者找到风险中的发展机遇。本书将借鉴这一思路，构建适用于政府推进中小企业社会责任建设角色选择的框架。

在政府企业社会责任治理过程中，当环境因素发生改变时，除了影响因素本身的变化可能会直接引发政府对中小企业社会责任建设政策的力度进行调整之外，还可能改变既有环境中不同利益方的影响力配比，环境变化引发影响因素之间形成张力场，而张力场会给政府的中小企业社会责任治理行动带来压力，进而影响对政府中小企业建设政策效果的预期。

在图 4-10 所呈现的政府角色选择的"张力场—影响因素分析"框架图中，四类影响因素之间可能会形成六组反向作用力，分别是政策强度—政策效果张力、政策强度—经营业绩张力、政策强度—竞争环境张力、政策效果—经营业绩张力、政策效果—竞争环境张力、经营绩效—竞争环境张力。两个因素之间产生张力时，诱因有可能是由其中一个因素的改变引发的，也有可能是由两个因素产生矛盾时的改变而引发的。当两类因素之间产生张力时，另外两类因素形成调节器，根据其调节力量的方向加剧或缓解张力。

两种因素间出现张力，对企业社会责任建设的意义各不相同，有的张力可能成为改善合作的机会，有的张力可能对现有的政府政策形成挑战。政府中小企业社会责任政策的强度与政府角色直接相关，政策强度的变化显示了政府角色战略的改变。因此，本书重点分析与政府政策强度相关的四组张力。为了更好地认识政府角色变化对整个中小企业社会责任治理环境产生的影响，我们就要对政府角

色选择影响因素之间的张力进行分析，为政府在推进中小企业社会责任建设中的角色选择提供依据。

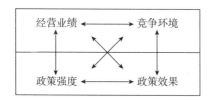

图 4 - 10　政府角色选择影响因素间的张力分析

1. 政策强度—政策效果张力

当政府推进中小企业的社会责任建设的主观意愿和政策压力变化的情况下，政府企业社会责任政策的强度会随之发生改变，这种改变包括中小企业社会责任议题受到政府高层关注程度的变化、政策工具性质的变化、政策执行方式和频率的变化以及政策评价方式的变化等。中小企业社会责任政策强度的变化将与现有的政策效果形成张力，政策强度的提高将提升企业和公众对政府中小企业社会责任建设政策效果的强度预期，增强企业对社会责任建设的重视程度，提升政府政策效果，反之亦然。然而，政府不能无限提升中小企业社会责任建设的强度，已有的研究表明，过于强硬的企业社会责任政策将导致中小企业运营成本上升，增加寻租的可能性，从长期来看不利于市场竞争，最终将损害中小企业经营业绩。

在政府、企业与社会部门三方合作治理中小企业社会责任建设问题的前提下，政策强度变化带来的政策强度与政策效果张力可以被经营业绩和竞争环境两个因素缓解。政府与企业协商中小企业社会责任政策问题可以有效规避政策主体单一、政策强制力过大而带来的企业经营成本增加，经营业绩下降的问题。在政策执行过程中，政府与企业的合作以减少寻租的可能，最终打破以往以政府作为单一政策主体而导致的政策强度与经营绩效之间的悖论。另外，随着政府、企业和社会部门的三方合作，政府可以为中小企业创造良好的"责任竞争环境"，减少和避免某些企业的"搭便车"行为，保护负责任中小企业的利益，促成其竞争优势，促进更多的中小企业履行社会责任。

2. 政策强度—竞争环境张力

政府中小企业社会责任建设政策强度的变化会反映在企业竞争上，如果政策强度的提升能够促进竞争环境的改善，营造同行业内的"责任经营"氛围，则会推进中小企业社会责任建设。诚然，政策的公平程度和适应程度是否能营造竞争环境的关键，如果片面的在某个区域内，或某个环节领域增强政策强度，将会给企业和公众造成"政策解读误区"，阻碍中小企业的社会责任建设。缓解政策强度变化带来的政策强度与竞争环境之间压力的关键在于保证市场的"企业责任需求"即提升公众的企业社会责任意识，建立良好的政府、企业与社会三方沟通机制。

政府、企业与社会部门合作推进中小企业社会责任建设过程中，政府分担了不同的角色，促进不同类型的企业社会责任建设。当政府作为组织者促进中小企业社会责任理念建设时，政府、企业和社会的三方互动将提升政策的公平性和适用性，在社会范围内形成企业社会责任的良性互动场。多方参与协商一方面可以提升政策效果，削弱政策强度变化带来的张力；另一方面通过社会宣传为负责任的企业带来更大的市场需求，提升其经营业绩，可以缓解政策强度变化带来的"政策强度—竞争环境"张力，最终推进中小企业社会责任建设。

3. 政策强度—经营绩效张力

研究表明，政府在推进中小企业社会责任建设过程中遇到的最大阻力在于政策强度对中小企业经营业绩的影响。并指出，在以往的以政府为主体制定中小企业社会责任建设政策的机制下，在统计研究中不可避免地出现了降低企业经营业绩的现象（Bradford et al.，2008；Carter，2007），由此产生政策强度与经营绩效的张力。细究该张力产生的原因可以归结为以下几方面：首先是政策执行成本的转嫁；其次是政策内容产生的经营成本增加；最后是政策消费与政策收益之间的脱节。

政策强度—经营业绩之间的张力可以通过政策效果和竞争环境两个方面加以缓解。已有的政策效果可以弱化政策强度变化对经营绩效的冲击，良好的市场竞争环境可以增加企业的盈利空间缓解政策强度变化对企业经营业绩的影响。政府与企业协商中小企业社会责任政策方向可以分解政策的强制力，降低政策执行成本，最终推进中小企业社会责任建设。

第五章　我国政府推进中小企业社会责任建设角色战略模型构建

在我国政府推进中小企业社会责任建设的角色战略研究的基础上，还需要理解我国中小企业对于企业社会责任建设的基本态度是什么，存在哪些方面的优势以及面对怎么样的阻碍，政府角色选择对中小企业社会责任的影响机理，以及影响政府角色的因素有哪些，这些因素对不同类型的中小企业社会责任有着怎么样的作用？本章在第四章的基础上构建我国政府推进中小企业社会责任建设的角色战略模型，以探讨政府推进中小企业社会责任建设的规律。

本章讨论的政府角色战略有以下三个特点：一是本章分析的出发点是政府，政府是中小企业社会责任建设的推进者、支持者和主导者。政府通过实施中小企业社会责任建设政策来引导、管理和监督中小企业社会责任建设行为；二是本章坚持合作治理理念，主张政府在发挥主导作用的前提下加强与企业部门和社会部门的合作，政府选择不同的角色意味着不同类型政策工具的应用，并决定了政府与企业和社会部门合作的广度和深度；三是政府角色战略的选择与政策工具相匹配是一套系统的政府行为模式，属于中长期战略，不会随意变换政策框架。

综上所述，本章论述政府角色的选择对中小企业社会责任建设的影响机理，主要包括政府角色的构成因素分析、中小企业社会责任建设分类、政府角色与中小企业社会责任建设类型的关系分析，最终构建我国政府推进中小企业社会责任建设的角色战略模型。

第一节　模型的基本假设

在鼓励创业的时代背景下，中小企业发展问题成为我国政府关注的重点。

同时，由中小企业发展带来的社会和环境问题日益浮现，未来政府如何引导新兴中小企业发展，同时解决日益复杂的社会和环境问题，成为衡量政府治理能力和国家治理水平的关键。在市场经济发挥主导作用的时代背景下，我国政府推进中小企业社会责任建设不再是政府作为单一主体制定政策措施，按行政级别推行这么简单的问题，而是政府作为主要推动者引导政策资源、产业资源、社会资源，在市场规律的作用下，向负责任的中小企业聚集，提升中小企业的整体素质，解决社会和环境问题，提升政府治理能力。基于此，本章提出以下四个前提假设。

一、政府角色的选择是政府、中小企业与社会三方互动的结果

受企业部门战略管理的影响和启发，美国学者在 20 世纪 70 年代将战略管理引入政府和公共部门。战略规划最初被用作指导公共部门管理的技术和工具，为政府长期决策提供理论依据。随着政府管理不断面临更加复杂动荡的社会环境带来的挑战，战略规划开始向战略管理转变。在此过程中，战略管理理论形成了既应注重政府绩效的提高，更要关注政治权威网络的多元价值需求的特征。具体来看，其特征主要有以下几点：

1. 环境系统分析

将外部环境分析引入管理活动中是公共战略管理的最大特点。将内外整体环境看作行政系统的一部分。美国行政学家 Fred W. Riggs 对生态环境与公共行政发生相互作用进行了分析，总结出五大要素，即经济要素、社会要素、沟通网络、符号系统以及政治架构。公共战略管理属于公共行政的范畴，政府战略管理的环境也受到以上五种因素制约。为了尽可能地平衡各种关系和利益诉求，战略管理者必须对每种要素进行细致分析，目标是制定和调适符合管理实际的战略决策，以实现和创造公共价值。

2. 平衡多元利益需求

政府战略管理满足多元利益需求的特征正是公共行政研究的政治途径，它作为对传统行政管理路径的反叛，推崇"政治回应"和"责任"。政府战略管理尤其强调政治多元主义，正如赛德曼（Seidman）所言，政府组织就像一个微型社会，不可能避免现实社会中的多元利益冲突和社会矛盾。他认为那种寻求同质的、没有摩擦的组织结构是一种充满危险的幻想。

以可持续发展为理念。战略是未来导向的，既关注当前利益及发展目标，更着眼长远利益和可持续发展。作为公民权利代理人的公共部门更应如此，人类社会存续与发展、公平与正义、民主与自由等价值理念的实现，需要公共部门平衡当前需要和长远利益而做出全局谋略和规划，以实现人类社会的可持续发展。可持续发展的理念正是遵循社会公平价值的最好例证。

二、不同中小企业社会责任建设类型之间的异质性

本章将中小企业社会责任建设分为四个类型，即"底线型"社会责任建设、对内部员工的社会责任建设、绿色发展责任建设和企业社会责任理念建设，并假设这四种社会责任建设类型是异质性的，满足以下几个条件：

四种企业社会责任建设类型之间的异质性决定了它们之间不存在层级划分。四种中小企业社会责任建设类型的划分是依据其涵盖的企业社会责任领域不同，之间并不存在等级高低之别。尽管 Moore 和 Spence 认为从中小企业发展的视角看，其履行企业社会责任存在一定的顺序，首先中小企业的社会责任意识来源于公众对其产品和服务的基本认可，从而引起中小企业对"底线型"社会责任的认知。进而，随着企业发展壮大，为了更好地提升企业竞争力争夺人才资源，企业开始加强对内部员工的社会责任建设。从企业社会责任发展的历程看，企业社会责任理念与企业社会责任实践是一个相互促进、相互衬托的演进过程（Hillary，2000）。但本章讨论的是从政府视角出发推进中小企业社会责任建设，在政策制定层面对中小企业社会责任建设是平等对待的。政府以执法者、管治者、规制者和组织者四种角色推进中小企业的"底线型"社会责任建设、对内部员工的企业社会责任建设、绿色发展责任建设和企业社会责任理念建设。我们假设政府从四种不同的角色视角运用政策工具，针对四种不同的企业社会责任建设类型有明确的政策界限。所以我们假设四种不同类型的中小企业社会责任建设行为之间是完全异质的，即如果将四种企业社会责任建设分别设定为 a、s、r、t，那么政府的中小企业社会责任建设政策对 a 产生的变化不会对 s、r、t 产生影响。

四种企业社会责任建设类型的异质性决定了政府角色的独立性。本章假设政府在推进中小企业社会责任建设过程中通过选择不同的政策工具从而形成政策系统进而形成政府的四种角色。四种企业社会责任建设类型的异质性决定了一种政府角色只针对一种中小企业社会责任建设类型，即执法者角色对应"底线型"社会责任建设；管治者角色对应内部员工的企业社会责任建设、规制者对应企业绿色发展责任建设；组织者对应企业社会责任理念建设。本章假设，政府角色的选择表明了政府的战略规划和政策体系的内容、强度和持续性，会对中小企业形成政策预期，从而影响企业社会责任建设行为。所以，政府角色战略不存在交

叉，即当政府选择一种角色推进特定类型的企业社会责任建设时，适用于此角色战略的政策不再用于推进其他类型的企业社会责任建设。

三、中小企业对企业社会责任建设的偏好稳定

本章假设中小企业对承担企业社会责任的态度是中性的，且这种偏好保持稳定。该假设是基于国内中小企业社会责任建设研究成果，以及中小企业合作发展促进中心（中小企业全国理事会）颁布的《中国中小企业社会责任指南》（以下简称《指南》）中对中小企业社会责任建设的基本论证。

本书研究沿用了《指南》中的适用企业范围，即我国政府推进中小企业社会责任建设研究中所指的中小企业包括在我国依法设立的，根据《中小企业划型标准规定》（2011）所划定的中型、小型和微型企业，而不论其所属行业、地区、所有制或法律组织形式。

本书研究所涉及的"中小企业社会责任建设"的前提是不增加或改变中小企业的法律义务，也不赋予中小企业任何额外的法律权益；同时，中小企业可在满足法律法规要求的基础上，根据自身发展需要和本《指南》的原则，适用高于法律法规的社会责任要求。

表5-1 我国中小企业社会责任建设的优势与限制条件

独特优势	限制条件
中小企业的组织结构和决策程序比较简单、直接，能够更迅速地根据利益相关方的期望做出决策，并能更灵活地调整其经营策略和经营行为	更为有限的财务、时间和人力资源，尤其缺乏稳定的高素质人力资源
中小企业长于学习，勤于创新，能更容易地接受新事物并通过创新回应新挑战，而且某些中小企业的产生和发展就是回应社会挑战的结果	在价值链中的位势较低，对利益相关方的影响力有限
中小企业的员工关系更为密切，较容易形成得到全体或多数员工支持的企业决策，以及营造获得普遍认同的企业文化	更难获得外部资源，包括政策、资金和信息资源
中小企业的利益相关方关系相对简单、明晰，其社会责任影响范围相对有限，能够更容易地集中资源处理优先事项	中小企业发展变化更快且更缺乏确定性

资料来源：《中国中小企业社会责任指南（第一版）》，中小企业合作发展促进中心（中小企业全国理事会），2013年。

我国中小企业进行企业社会责任建设面临一定的阻力，但中小企业自身在履行社会责任方面，尤其是在指定和执行企业社会责任战略方面存在一定的优势。本书中提出的政府推进中小企业社会责任建设角色战略是在尊重我国中小企业社会责任建设现实的基础上，不强制增加中小企业运营成本，本着自愿性、开放性的原则促进中小企业社会责任建设。

第二节 政府角色战略评价指标及其与中小企业社会责任建设的关系

在政府推进中小企业社会责任建设中的角色战略研究的基础上，将政府的角色划分为执法者、管治者、规制者和组织者四种类型，这四种政府角色类型分别对应了一套政府推进中小企业社会责任建设的政策体系，分别作用于中小企业的"底线型"企业社会责任建设、内部员工的企业社会责任建设、绿色发展企业社会责任建设和企业社会责任理念建设。本节将从政府管理实践的角度出发，设计不同的政府角色评价指标，试图探究不同指标与四种中小企业社会责任建设类型的关系。基于此提出假设，构建我国政府推进中小企业社会责任建设角色战略模型。

一、政府执法者角色战略的评价指标及其与中小企业"底线型"企业社会责任建设的关系

中小企业的"底线型"企业社会责任建设是指中小企业在履行法定义务的前提下对所生产的产品和服务负责，以保证消费者的人身和财产安全。在法律暂未涉及的领域以不损害消费者合法权益为底线，诚信经营。此类企业社会责任仅高于企业的法定义务，或与法定义务持平。政府在推进中小企业的"底线型"社会责任时，主要目的是加强监察力度，形成立体监督体系，发现中小企业的履责违规行为，并采取切实行动。

政府以执法者角色推进中小企业社会责任建设是指政府作为单一主体，面临中小企业底线型企业社会责任治理的高外部压力（这种压力来源于上级权威网络的命令、外部利益相关者的集体诉求、政府中小企业社会责任监管失效带来的舆论压力），政府需要采取高强度的法律、行政、监察等政策工具快速有效地改变

现状，回应公众关切。同时，政府的执法者角色依靠的是政府的强制力，政策协商空间较小，亦不存在于企业部门或社会部门的合作。政府的执法者角色强调政策的强制性、执行的严格性、监察的严密性和违法的高成本性。本节通过对现有研究文献的回顾，设计以下指标以评价政府的执法者角色战略。

1. 政策颁布部门的权威性

Bradford 和 Fraser（2008）对英国中小企业社会责任建设情况做了研究，总结英国政府现有的中小企业社会责任建设政策，除立法外的中小企业社会责任建设政策的有效性与政策颁布部门的权威性呈正相关。原因包括三个方面：首先政策颁布部门的权威性直接影响到具体执行部门的响应程度；其次政策颁布部门的权威性直接影响到企业的政策感知压力；最后政策颁布部门的权威性间接影响了政策评价的方式和方法。国内学者肖红军和郑若娟（2014）、李欣颖（2013）等在研究中指出我国地方政府应加强中小企业社会责任治理的权威性。

2. 地方政府首脑负责

Lee（2008）、Revell（2007）、Revell 和 Blackburn（2007）等针对亚洲国家中小企业社会责任建设问题进行了一系列研究，指出政府在治理中小企业社会责任建设问题的过程中会出现政策注意力转移的情况，即政策制定与政策执行和政策评价之间的脱节。该研究指出地方政府首脑担任中小企业社会责任建设委员会主席，或成立类似的领导机构能够对中小企业承担底线型社会责任产生正影响。郭志文、简红艳（2012）在中国企业社会责任驱动力研究中论述了地方政府权威人物对中小企业社会责任建设的重视程度对企业的激励。

3. 政府监管部门联合执法

政府强有力的监管和审查是政府执法者角色的显著特征。即使是在中小企业社会责任建设制度较为完善的欧洲发达国家，政府部门在推进中小企业社会责任建设过程中也会出现政出多头、监管繁复或出现监管漏洞的情况（Hillary，2004）。由于欧洲委员会对企业社会责任建设的定义是建立在自愿的基础之上，多部门管理使中小企业无法对企业社会责任行为形成统一衡量标准，反而会造成企业社会责任建设的短板。目前国内学术界对于中小企业的"底线型"社会责任的关切始于"毒奶粉"事件，在声讨涉事企业的同时对政府监管提出质疑。钟宏武研究了我国政府在企业社会责任建设方面的角色，指出政府部门间的协同对企业社会责任建设的正影响。

4. 政府设立中小企业履责"黑名单"制度

政府设立中小企业履行底线型社会责任的黑名单制度并定期公开，是许多国家（英国、澳大利亚、新西兰等）进行企业社会责任建设的普遍做法（Condon，2004）。Peters 和 Turner（2004）认为黑名单制度的关键是信息传播的范围和信息受众的选择，如果将"黑名单"所涉企业大范围公开，则会给企业带来生存困境。如何掌控信息公开的程度和公开频率是政府设立中小企业履责"黑名单"的关键。Rothenberg 和 Becker（2004）认为"黑名单"是作为一种严厉的惩罚制度而存在的，适用于督促中小企业履行"底线型"社会责任。辛杰（2014）研究了企业社会责任建设的正式和非正式制度，指出政府应在理性分析和把握目前中小企业社会责任缺失原因的基础上积极促进中小企业社会责任建设。中小企业社会责任建设的动力是获得社会资本，而黑名单制度从侧面形成了中小企业履行其"底线型"社会责任的动力。

5. 行政处罚力度

政府机关对履责违规的中小企业进行行政处罚，处罚种类具体包括责令停业整顿、暂扣或吊销经营许可等，行政处罚一方面是为了停止中小企业的不负责经营行为，另一方面可以对其他中小企业形成震慑效果。行政处罚属于高强制性政策，在现有的政府推进中小企业社会责任建设实践中对此采取比较审慎的态度。早在 20 世纪 90 年代，政府参与企业社会责任建设伊始，关于政府过度干预市场秩序，扰乱企业经营的争论此起彼伏。Moon 认为政府利用政策工具治理企业社会责任的最大问题在于权力寻租，而行政处罚政策为政府寻租创造可能。因此欧美国家政府在推进企业社会责任建设过程中很少使用行政处罚。然而，中国国情使然，确实存在一些中小企业严重的企业社会责任缺失问题。在相关法律法规不健全，中小企业道德滑坡的情况下，行政处罚能够对中小企业履行"底线型"社会责任产生正的影响。

6. 经济处罚力度

经济处罚与行政处罚不同，经济处罚是在政府的支持和规定下，履责违规的中小企业对其造成不良影响的受害者做出惩罚性补偿，比如"假一赔十"。欧美国家政府在推进中小企业社会责任建设过程中将经济处罚与法律相衔接，或是政府通过调查对企业的失责行为提出公诉。在我国，企业社会责任的概念相对模糊，企业社会责任立法还没有形成体系。企业的"底线型"社会责任游离于法律与道德的夹缝中，出现了"法律难纠""道德不查"的情况。Luo Shaoling（2010）通过对广东省制造业的调查研究了我国企业社会责任的现状，指出企业履责违规成本过低导致了企业社会责任建设的紧迫性不强。

7. 企业主违规追责制度

与大型企业相比，中小企业社会责任建设最大的特点在于大多数情况下中小企业的经营行为等同于中小企业主的个人行为（Aragon - Correa J A, Cordon - Pozo E, 2005；Borga F et al., 2009；Bradford J, Fraser E D G, 2008；Clement K, Hansen M, 2003；Condon L, 2004；Friedman A L, Miles S, 2002）。企业主既是管理者又是中小企业社会责任行为的决策者和执行者，个人意志变化造成中小企业社会责任行为的不稳定。中小企业内部缺乏履行社会责任的制度保障，没有专门的管理部门，辛杰（2014，2013）、邓泽宏和刘文波（2013）指出中小企业社会责任建设与中小企业主的个人行为有直接关系。在治理中小企业社会责任建设问题过程中，政府加强对中小企业主的主责力度能够促进中小企业履行"底线型"社会责任。

8. 中小企业履责违规投诉电话

Williamson 等（2006）对中小企业履行"底线型"社会责任的驱动因素进行了实证研究，指出外部监督的便携性与实效性对中小企业的企业社会责任行为有着显著影响。针对身处特定社区的中小企业，政府企业社会责任政策的有效执行有赖于社区对相关履责违规行为的反映。葛建平和雷涯邻（2006）分析了我国中小企业在转型期社会责任缺失的原因，指出国家和地方政府应建立相应的约束机制强制中小企业履行"底线型"社会责任。

综上，本节提出以下假设：

H1：中小企业社会责任建设政策颁布部门的权威性，与中小企业"底线型"企业社会责任建设正相关。

H2：地方政府首脑的重视程度，与中小企业"底线型"企业社会责任建设正相关。

H3：政府部门监督执法的协调程度，与中小企业"底线型"企业社会责任建设正相关。

H4：政府设立中小企业履责"黑名单"，与中小企业"底线型"企业社会责任建设正相关。

H5：政府对履责违规企业的行政处罚力度，与中小企业"底线型"企业社会责任建设正相关。

H6：政府对履责违规企业的经济处罚力度，与中小企业"底线型"企业社会责任建设正相关。

H7：政府对履责违规企业主的追责力度，与中小企业"底线型"企业社会责任建设正相关。

H8：政府设立中小企业履责违规投诉电话，与中小企业"底线型"企业社会责任建设正相关。

二、政府管治者角色战略的评价指标及其与中小企业对内部员工的企业社会责任建设的关系

中小企业对内部员工的企业社会责任建设是提升中小企业社会责任建设总体水平的关键。辛杰（2014）对山东省2200家企业进行了企业社会责任驱动因素的调研，认为"员工、文化与形象"是推动企业社会责任建设的关键因素。《指南》指出对于中小企业而言，员工作为人力资源是企业的核心资产，因此员工权益和员工发展是中小企业的首要责任，企业应在确保员工合法权益的基础上提升员工的忠诚度、专业技能、工作效率以及参与管理的主动性，促进员工与企业协同发展。本书关注中小企业内部员工企业社会责任建设的以下几方面：

表 5 – 2　中小企业对内部员工的企业社会责任建设

序号	中小企业对内部员工的企业社会责任
1	为员工提供技能培训机会
2	坚持民族平等就业
3	不同性别平等就业
4	依法合理执行劳动合同
5	不在结婚、怀孕、产期等原因辞退女性
6	员工待遇与企业竞争力同步提升
7	采取必要的措施评估和防止职业健康安全风险
8	鼓励文化的多源和包容性
9	员工创新激励

资料来源：中小企业合作发展促进中心（中小企业全国理事会），《中国中小企业社会责任指南（第一版)》，2013 年。

本书研究我国政府在推进中小企业社会责任建设中的管治者角色是指政府（地方政府）与企业部门合作，沟通协商中小企业对内部员工的企业社会责任建设问题，共同制定企业社会责任建设的相关标准和政策。政府的管治者角色战略重在协作，寻求政府关切的员工利益保障问题与中小企业的人力资源管理能力之间的平衡。管治者角色战略的最大特点是定期审查沟通，提升政府对中小企业内

部员工社会责任建设的回应度。与政府的管治者角色相匹配的中小企业社会责任建设政策的强制力应该较低，政府试图通过自身的影响力对中小企业进行"劝说"，以关切度交换中小企业对内部员工的企业社会责任建设的提升。本章通过对现有研究文献的回顾，设计以下指标以评价政府的管治者角色战略。

1. 政府与企业协商对内部员工的企业社会责任建设内容与标准

Mendoza（1996）提出了企业社会责任政策分析的关系模型，其中政府与企业的合作是区别于以往政府单独制定企业社会责任政策的鲜明特色，为政府进行企业社会责任治理奠定了理论基础。该模型认为政府与企业合作治理企业社会责任问题的出发点是政策协商，即政府与企业协商制定政策及其评价标准。目的是尽量减少政策执行的阻力和提升政策适用性。钟宏武（2010）在政府推进企业社会责任的角色定位研究中指出政府作为推进者应加强与企业的合作。

2. 政府相关部门与企业员工代表定期座谈沟通

政府相关管理部门与企业员工代表定期座谈一方面是为了了解员工对企业社会责任的诉求和关切，另一方面是形成反馈机制从侧面推进中小企业对内部员工的企业社会责任建设。Aaronson 和 Reeves（2002）、Albareda 等（2007）指出政府在与企业合作推进企业社会责任建设的过程中，应与企业建立沟通机制，采用座谈、会议或邮件与企业员工建立联系，倾听他们的诉求和企业的社会责任建设创新机制。Matten 和 Moon（2005）研究了企业员工的社会责任感对企业社会责任行为的影响，指出两者之间存在正相关。

3. 发挥中小企业协会的中介和纽带作用

中小企业协会在政府推进中小企业社会责任建设中发挥着中介和纽带作用，这一观点在国外政府企业社会责任治理中已经得到充分证实（European Commission，2001）。中小企业协会一方面可以将零散分布的中小企业汇聚成一个整体，更便于政策的传递和实施；中小企业的企业主多为中小企业协会成员，更有利于政府企业社会责任建设信息的收集与传播。针对内部员工的社会责任建设而言，中小企业协会更了解当地的企业人力资源情况，便于与政府沟通协商，制定更适合中小企业的社会责任建设内容和标准。

4. 政府与企业定期披露中小企业对内部员工的企业社会责任信息

政府与企业在当地报纸、政府网站、政府期刊或指定宣传册上定期联名发布有关当地中小企业对内部员工的企业社会责任建设情况，在意大利和挪威得到实施并取得一定成效（Albareda et al.，2008）。政府与企业联名披露中小企业的社会责任建设信息可以加强政府对中小企业社会责任履行的管理，对企业而言是一种有效的无形资产宣传。对于履责较好的中小企业，可以获得政府的肯定，为人才引进提供了竞争优势，鼓舞内部员工的士气。

5. 政府与企业发表共同承诺加强中小企业对内部员工的企业社会责任建设

Jeremy Moon 和 Xi Shen（2010）研究了企业社会责任在中国的兴起以及政府、非政府部门针对企业社会责任建设出台的一系列政策，指出企业社会责任建设的窗口已经在中国敞开，政府的治理结构也在发生变化。中国政府需要在国际上改变中国的"血汗工厂"形象，以务实的做法保障员工的合法权益。对中国的企业社会责任研究状况做了实证分析，指出政府在推进中小企业社会责任建设中应该敢于担当、敢于承诺。

6. 政府与企业进行项目合作

我国中小企业的发展水平参差不齐，履行企业社会责任的能力强弱不均。与大企业不同，中小企业有时无法独自完成对内部员工的履责项目。那么，政府就需要发挥其政策影响力，联合同一区域内多家中小企业，形成集聚效应，共同开发特定的企业社会责任建设项目。例如，美国地方政府组织多家中小企业共同建立日托所，为有四岁以下小孩儿的员工照顾小孩，体现企业对员工的人文关怀。政府可以设计一些员工关怀项目，或在政府官方网站上设立"中小企业员工之家"，对项目进行招标，鼓励中小企业联合起来提高企业社会责任建设水平。

综上，本节提出以下假设：

H9：政府与企业协商对内部员工的企业社会责任内容与标准，与中小企业对内部员工的企业社会责任建设正相关。

H10：政府与企业员工代表定期座谈沟通，与中小企业对内部员工的企业社会责任建设正相关。

H11：加强中小企业协会的中介作用，与中小企业对内部员工的企业社会责任建设正相关。

H12：政府与企业联合披露企业履责信息，与中小企业对内部员工的企业社会责任建设正相关。

H13：政府与企业发表共同承诺，与中小企业对内部员工的企业社会责任建设正相关。

H14：政府与企业进行企业社会责任项目合作，与中小企业对内部员工的企业社会责任建设正相关。

三、政府规制者角色战略的评价指标及其与中小企业的绿色发展企业社会责任建设的关系

中小企业的"绿色发展"社会责任是指中小企业在经营过程中，通过减少能源资源消耗，改善排污技术等手段减少对环境的损害；通过加大清洁能源、可再生能源的利用等手段加强对环境的保护。中小企业的绿色发展责任建设与"底线型"社会责任建设和对内部员工的企业社会责任建设相比，需要企业投入一定比例的资金，会提高企业的运营成本，这也是我国中小企业绿色发展责任建设缺失的主要原因（辛杰，2014；钟宏武，2010；肖红军，2015；韩融和韩晓东，2011）。本书研究重点关注中小企业绿色发展责任建设的以下方面：

表5-3 中小企业的绿色发展社会责任建设内容

序号	我国中小企业的绿色发展责任建设内容
1	识别污染源并评价对环境的影响
2	减少污染排放
3	改善生产工艺流程，提高排污标准
4	确立环境改善目标并建立评价机制
5	提高资源能源利用效率
6	提高可再生能源和清洁能源的利用比例
7	在产品设计和服务模式创新方面注重环境保护和资源节约

资料来源：《中国中小企业社会责任指南（第一版）》，中小企业合作发展促进中心（中小企业全国理事会），2013年。

政府规制者角色战略是针对中小企业绿色发展社会责任建设中的困难，从政府视角出发，通过市场机制，为中小企业解决履责负担，引导社会部门对企业社会责任建设的投资，为中小企业履行绿色发展社会责任提供激励。具体来说，政府以"规制者"角色，制定基本规则的基础上加强与社会组织部门合作，激发市场对企业社会责任建设的需求，以财政、金融、经济、信誉等手段激励中小企业的绿色发展社会责任建设。本节通过对现有研究文献的回顾，设计以下指标以评价政府的管治者角色战略。

1. 政府设立中小企业绿色发展责任评奖机制

政府与社会部门、公共媒体合作设立企业社会责任评奖机制以鼓励中小企业

履行其对环境和可持续发展的社会责任在国内外的公共政策实践中广泛使用（辛杰，2014；李伟阳和肖红军，2011，2015；高宝玉，2013）。评奖机制的设立一方面可以提升社会对企业履行社会责任的关注；另一方面可以为企业提供正面宣传，提升企业的无形资产。政府针对中小企业设立评奖机制时，应注重企业所在社区的参与，将获奖和中小企业发展机会联系起来。政府与社会部门合作，通过评奖形成一套体系，提高中小企业的"社会资本"积累。

2. 政府加强对履责中小企业的财政补贴

政府的财政补贴是对冲中小企业进行企业社会责任建设带来的成本上升的直接有效途径（Joseph, E., 2003）。在欧美市场经济国家，政府对企业的财政补贴属于政府和社会的合作行为，政府的财政来源于税收，财政补贴作为政府预算的一部分需要经过民主表决，以决定补贴对象和补贴程度。Mir（2008）、Lee（2008）、Studer（2006）等考察了欧洲委员会的企业社会责任支持政策，认为政府对中小企业绿色发展责任建设的补贴应遵循集中化、针对性、竞争性、高补贴原则，即对履责较好，富有成效的中小企业采取鼓励性补贴，补贴程度应略高于企业付出的成本。

3. 政府加大排污、能源消费的收费力度

政府加大对企业排污、能源资源消耗的收费力度，推进中小企业的绿色发展社会责任建设是美国地方政府促进中小企业履行社会责任的方式之一。政府将征收所得资金用于太阳能、风能等清洁能源的开发和利用，改善公众的生活环境，获得公众对企业绿色发展社会责任的关注，引导社会力量参与企业社会责任治理。

4. 政府和第三部门推行"责任采购"机制

政府和第三部门推行"责任采购"优先与负责任的中小企业发展合作关系推进中小企业的绿色发展社会责任建设，是政府以身作则充分支持中小企业社会责任建设的典范。关于政府推进企业、中小企业社会责任建设的研究和政策实践中，政府和非营利组织的"责任采购"是必不可少的（Lozano et al., 2007，2008；辛杰，2013；高宝玉，2013；肖红军，2011，2015；钟宏武，2010）。政府在采购层面对履责企业的政策倾斜程度代表了政府对中小企业绿色发展责任建设的重视程度。

5. 政府和第三部门自身对绿色发展社会责任的履行

政府在自身的工作和行政过程中为中小企业树立绿色、节约、环保负责任的形象表率，能够推进中小企业的绿色发展社会责任建设。政府履行其对环境和可持续发展的社会责任将为中小企业起到示范作用，政府在社会责任建设中所利用的知识、技能和设备资源都可以成为中小企业学习的榜样。另外，政府的绿色发展社会责任建设能够增强内部员工的社会责任意识，在执行政府企业社会责任建设政策时能够更好地与企业开展沟通，实现政府与中小企业的资源共享。

6. 政府与社会部门（环保组织）合作建立中小企业绿色发展社会责任建设教育机制

我国中小企业大多缺乏企业社会责任建设的知识，而现有的大型企业的企业社会责任建设模式（国家电网、麦当劳等）的宣传给中小企业造成了误区。多数企业认为履行对环境和可持续发展的社会责任将大大地提高企业经营成本，同时无法获得实际收益（辛杰，2013）。然而，进入 21 世纪以来，欧美学术界已经将中小企业社会责任建设作为特定研究领域从而与大型企业区别开来。中小企业社会责任建设从理论、技术、项目开发、建设方式、评价机制等方面有着完全不同的体系（European Commission，2002，2004，2007）。政府推动下的中小企业绿色发展社会责任建设的目的就是通过政府的影响力，与社会部门合作，提升社会的责任消费、责任投资，以帮助中小企业进行社会责任建设。

7. 政府与银行合作对履责较好的中小企业提供融资优先优惠

在我国地方政府一级，上海、浙江、福建已出台的政府推进企业社会责任建设的指导方针，提出了对履责较好企业提供金融信贷方面的优先优惠政策。我国中小企业长期面临融资难、贷款难等问题，政府为中小企业提供融资优先优惠或减少其融资成本从客观上可以激励中小企业的绿色发展社会责任建设。

8. 政府对履责较好的中小企业进行税收减免

政府与企业所在社区合作对履行绿色发展责任并达成良好效果的中小企业进行税费减免降低其经营成本，能够推进中小企业的绿色发展社会责任建设。税收优惠和减免政策在我国地方政府（上海、浙江）出台的企业社会责任建设政策中已经得到贯彻，政府对中小企业的税收也在不断下降。中小企业履行绿色发展责任的过程中可能改变其现有的经营模式，带来经营成本的变化，如何将中小企业的履责成本和费用与企业相关税款相抵消，是下一步的政策设计重点。国外政府将税收减免作为推进中小企业绿色发展社会责任建设的关键，起到了显著作用（Bradford and Fraser，2008）。

综上，本节提出以下假设：

H15：政府设立中小企业绿色发展责任评奖机制，与中小企业的绿色发展社会责任建设正相关。

H16：政府加强对履责中小企业的财政补贴，与中小企业的绿色发展社会责任建设正相关。

H17：政府加大排污、能源消费的收费力度，与中小企业的绿色发展社会责任建设正相关。

H18：政府和第三部门实行"责任采购"，与中小企业的绿色发展社会责任建设正相关。

H19：政府和第三部门自身对绿色发展社会责任的履行，与中小企业的绿色发展社会责任建设正相关。

H20：政府与社会部门（环保组织）合作建立中小企业绿色发展社会责任建设教育机制，与中小企业的绿色发展社会责任建设正相关。

H21：政府与银行合作对履责较好的中小企业提供融资优先优惠，与中小企业的绿色发展社会责任建设正相关。

H22：政府对履责较好的中小企业进行税收减免，与中小企业的绿色发展社会责任建设正相关。

四、政府组织者角色战略的评价指标及其与中小企业社会责任理念建设的关系

中小企业社会责任理念建设包括培养和提升企业履行社会责任的意识和公众对企业社会责任的认知两个部分。企业对社会责任建设的理念包括企业主对履行企业社会责任的重视程度、信心和管理方式。中小企业主对企业社会责任的认知决定了企业的社会责任行为。社会公众对企业履行社会责任的认知和认可则是从市场角度提高责任消费、责任投资意识，更进一步地形成企业社会责任需求，激励中小企业履行社会责任。

推进中小企业社会责任理念建设需要政府、企业和社会三方的协作，建立有利于中小企业社会责任理念形成发展的良好社会环境。理念形成于精神领域，受自身和外部影响而发生改变，企业社会责任理念建设与其他三类企业社会责任建设类型不同。与中小企业的"底线型"社会责任建设相比，企业社会责任理念建设无法靠外力强制达到理想效果；与中小企业对内部员工的企业社会责任建设相比，企业社会责任理念建设缺少信息反馈；与中小企业的绿色发展社会责任建设相比，企业社会责任理念建设缺少数据化的衡量标准。以上三方面的特殊性决定了政府在推进中小企业社会责任理念建设过程中需要与企业、社会协作，采用软性政策，以政府的影响力和号召力为主，为企业和社会创造更多的关于企业社

会责任的沟通、宣传机会，循序渐进地培养企业和社会公众的企业社会责任理念。由此，本节提出政府的组织者角色战略：政府以"组织者"角色，利用自身的资源和影响力为中小企业和社会组织、利益相关者群体提供机会，让政府、企业和社会三方更好地参与到企业社会责任建设中，为中小企业履行社会责任营造良好的公共氛围，推动中小企业社会责任建设理念的不断提升。本节通过对现有中小企业社会责任理念建设的文献和政策实践的回顾，设计以下指标评价政府组织者角色战略。

1. 政府主导建立与企业、利益相关者的企业社会责任建设沟通参与机制

政府鼓励企业与当地社区和利益相关方建立公开、透明、基于对话和协商的沟通与参与机制，促进企业社会责任理念的传播，提高中小企业的社会责任意识。这种方式被欧盟采纳和推广，成为政府推进中小企业社会责任建设的主要方式之一（Aaronson，S. and J. Reeves，2002）。沟通参与机制的主要作用在于为政府、企业和社区利益相关者提供了交流彼此关切的机会，可以帮助企业和社区提升企业社会责任意识，在尽量减少企业运营成本的基础上推进中小企业的社会责任建设。

2. 发挥社区企业社会责任宣传的基层作用

政府通过组织社区基层管理机构进行企业社会责任建设相关知识教育，加强社区基层管理机构在企业社会责任宣传中的作用，以推进中小企业社会责任建设。社区是中小企业赖以生存的土壤，中小企业履行社会责任的主要动力来源于积累"社会资本"，主要方式是同企业的利益相关者建立互信关系以促进企业发展。从这一角度出发，社区对企业社会责任建设的宣传能够因地制宜地促进中小企业和公众的企业社会责任意识。

3. 政府官方宣传责任消费运动

从欧美发达国家的企业社会责任建设历程来看，每一次企业社会责任理念的进步都伴随着企业社会责任运动。政府官方媒体对"责任消费"的宣传将改变消费者对商品的偏好，公众会对企业社会责任产生新的认识。目前我国设立了"3·15"消费者权益保护日，与此相似，政府可以从正面角度宣传企业社会责任对人们生活带来的改变，倡导公众消费更负责任、更环保的产品。

4. 政府倡导责任投资

政府在一定区域内，引导社会资本、中小企业股东进行企业社会责任投资。社会责任投资是一种特别的投资理念，在选择投资的企业时不仅关注其财务、业绩方面的表现，同时关注企业社会责任的履行。在传统的选股模式上增加了企业

环境保护、社会道德以及公共利益等方面的考量，是一种更全面地考察企业的投资方式。社会责任投资者同时还可以用他们企业股东的身份，通过积极的股东行动，促使企业提升社会责任意识。股东作为中小企业重要的利益相关者，对中小企业社会责任理念的影响已经得到证实（辛杰，2008）。

5. 政府组织增进合作交流与国际接轨

上海市、浙江省、江苏省在制定本地区企业社会责任建设政策时，都强调深化与商务部、工信部的交流，争取更多的政策支持。政策还强调参考借鉴ISO26000国际社会责任标准等国际共识，完善企业社会责任达标评估体系。政策目标是提升评估质量和效率，拓展与欧盟合作机制引进国际先进理念，加快社会责任推进体系与国际接轨。

6. 搭建企业社会责任公共交流信息平台

政府搭建中小企业社会责任建设信息平台，进一步完善政府官方中小企业社会责任网站，及时发布政府工作状态，宣传国内外优秀中小企业案例，加强企业监督。利用资源平台，组建政府企业社会责任专业委员会，邀请企业社会责任方面专家和专业机构为中小企业社会责任建设建言献策，开展形式多样的中小企业社会责任考察、宣传、交流、讲座与培训等活动，为政府推进中小企业社会责任理念建设提供智力保障、人力资源支持、企业案例支持。

7. 寻求专业非营利机构与中小企业合作

政府协助中小企业与国内专业慈善组织、环保组织等建立合作，促进中小企业社会责任理念建设。与中小企业相比，慈善组织与环保组织拥有项目资源和技术资源，通过与国外的相关组织合作交流积累了丰富的经验，形成了先进的社会责任理念。慈善组织的运转需要社会捐赠，中小企业则是潜在的捐赠者，慈善组织通过与中小企业的合作可以取得双赢，中小企业的社会责任理念也将得到提升（钟宏武，2007）。环保组织除了向企业宣传环保理念之外，还可以将环保技术介绍给需要的中小企业，促进中小企业社会责任理念建设。

综上，本节提出以下假设：

H23：政府、企业和利益相关者三方的沟通与参与，与中小企业社会责任理念建设正相关。

H24：企业社会责任的基层社区宣传，与中小企业社会责任理念建设正相关。

H25：政府官方倡导责任消费运动，与中小企业社会责任理念建设正相关。

H26：政府倡导企业社会责任投资，与中小企业社会责任理念建设正相关。

H27：政府组织增进合作交流与国际接轨，与中小企业社会责任理念建设正相关。

H28：政府搭建企业社会责任公共交流信息平台，与中小企业社会责任理念建设正相关。

H29：政府引导慈善、环保组织与企业合作，与中小企业社会责任理念建设正相关。

第三节　我国政府推进中小企业
社会责任建设的角色战略模型

综合本书第三章对我国政府推进中小企业社会责任建设的角色战略研究，本章对我国政府的执法者战略、管治者战略、规制者战略和组织者战略进行了刻画。从政策工具的类型（政策强度）和战略合作伙伴的选择两个角度归纳了不同政府角色战略下的公共政策和政府行为。并将政府的角色战略与中小企业社会责任建设类型进行了匹配。本节是在假设的基础上，根据政府角色战略选择的影响因素和不同政府角色对中小企业社会责任建设的影响机理，设计本书的理论和实证模型，为通过实证研究验证政府角色战略对中小企业社会责任建设的影响打下基础。

一、理论模型构建

根据笔者对我国政府企业社会责任建设政策的综合分析，本书认为现有的企业社会责任政策体系存在以下三方面的问题：首先是政策的"文本化"导致了政府企业社会责任虽然涵盖全面，但缺乏可操作性；其次是中央和地方政府出台的企业社会责任推进政策指导原则较多，具体政策较少；最后是针对中小企业社会责任建设的政策没有形成体系。因此，本书从政府企业社会责任推进的政策工具选择研究开始，对我国政府目前记录在册的中小企业社会责任建设政策进行了分类和文本计量分析，总结出我国政府推进中小企业社会责任建设政策的不足。进而，结合治理视角下的政府角色理论，研究了政府在推进中小企业社会责任建设中的角色。最后结合政府战略管理理论对中小企业社会责任政策的环境进行分析，并将政府角色与环境相匹配，得出我国政府推进中小企业社会责任建设的角色战略，如图 5 - 1 所示。

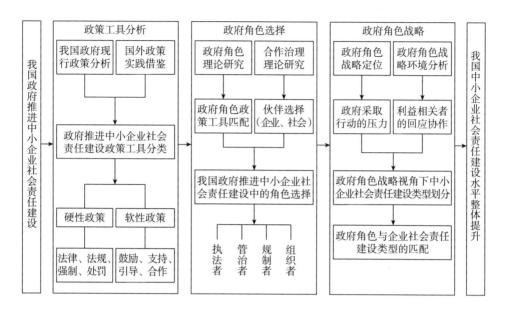

图 5 - 1 我国政府推进中小企业社会责任建设的理论模型

政府在推进中小企业社会责任建设中首先要明确以什么样的政策工具、以什么样的态度对待中小企业社会责任议题。政府角色理论是将政府公共政策工具的运用和政府合作伙伴的选择结合起来。在推进中小企业社会责任建设过程中，政府可以选择不同强度的干预政策，同时在政策制定和执行过程中与企业、社会部门合作，组成完整的中小企业社会责任政策体系。合作治理视角下，政府不能也不应选择单一强度类型的政策工具，因为政策工具的选择要与相应的执行环节相匹配，高强度政策与高监管、高审查相匹配。考虑到政策成本因素和中小企业社会责任议题的性质，政府应选择多种政策工具进行组合，实现政策强度、政策效果、竞争环境和企业经营业绩之间的平衡。政府应将推进中小企业社会责任作为政府战略管理的一部分。政府与公共部门战略管理理论的核心是帮助政府分析政府面临的中小企业社会责任建设环境，而中小企业社会责任建设是由不同层面的政策议题组成的。面对不同的中小企业社会责任建议议题，政府采取行动的压力是不同的。这种压力来自上级领导部门的行政命令、公众舆论的压力和利益相关者集团的影响。本书通过对国内中小企业社会责任研究的回顾，认为政府中小企业的"底线型"社会责任建设方面采取行动的压力最大、中小企业社会责任理念建设的压力次之，对内部员工的企业社会责任建设和绿色发展的企业社会责任建设压力较小。从战略环境分析的另一个角度——外部回应度来看，企业社会责任理念建设和绿色发展责任建设的外部回应度较高，政府可以与企业、社会部门合作共同治理。政府战略管理为政府角色提供了依据，合作治理缓解了政府角色战略中的议题张力。

二、理论假设与研究问题的对应

本章在第四章政府角色战略研究的基础上，针对如何提升中小企业社会责任建设水平，提出了政府角色战略的评价指标。在政府如何促进中小企业"底线型"社会责任建设这一问题导向下，本章设计政府执法者角色战略的评价指标，假设政策部门的权威性、政府首脑参与、联合执法、行政处罚、经济处罚、企业主违规追责、设立监督投诉电话与中小企业"底线型"社会责任建设正相关。在政府如何促进中小企业对内部员工的企业社会责任建设这一问题导向下，本章设计政府管治者角色战略评价指标，假设政策协商、员工座谈、中小企业协会协调、定期通报制度、政府与企业共同承诺、网站信息披露与中小企业对内部员工的企业社会责任建设正相关。在政府如何促进中小企业的绿色发展企业社会责任建设这一问题导向下，本章设计政府规制者角色战略评价指标，假设建立评奖机制、财政补贴、提升排污消耗收费力度、政府责任采购、政府自身榜样形象、知识技能培训、融资信贷优先政策、税收减免与中小企业的绿色发展企业社会责任建设正相关。在政府如何促进中小企业社会责任理念建设问题导向下，本章设计政府组织者角色战略评价指标，假设建立沟通参与机制、社区宣传、官方责任消费运动、政府引导企业社会中责任投资、国外先进理念学习、建立资源整合中心、专业机构合作与中小企业社会责任理念建设正相关。

三、实证模型的提出

为了便于下一章的实证分析，本章在理论分析和提出假设的基础上，进一步提出了关于我国政府推进中小企业社会责任建设角色战略的实证模型。该模型包含了四类政府角色战略的影响因素分别对相应的四类中小企业社会责任建设类型的作用关系。政策强度和合作伙伴的选择决定了政府角色的定位，四种角色与政府政策行为相匹配衍生出政府角色战略。执法者角色战略与中小企业的"底线型"社会责任建设相对应；管治者角色战略与内部员工的企业社会责任建设相对应；规制者角色战略与中小企业的绿色发展社会责任建设相对应；组织者角色与中小企业社会责任理念建设相对应。政府通过推进四种不同类型的企业社会责任建设，最终提升我国中小企业社会责任建设水平。如图5－2所示。

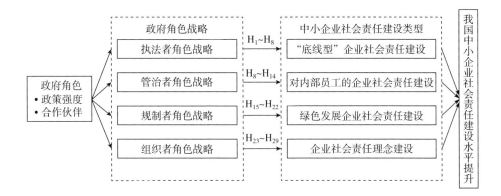

图5－2　政府角色战略对中小企业社会责任建设影响的实证模型

第六章　我国政府推进中小企业社会责任建设的实证分析

前文在分析我国政府角色战略研究的基础上，对政府以执法者角色推进中小企业"底线型"社会责任建设，以管治者角色推进中小企业对内部员工的企业社会责任建设，以规制者角色推进中小企业的绿色发展企业社会责任建设，以组织者角色推进中小企业社会责任理念建设分别提出理论假设。现有假设的提出是建立在国内外对政府企业社会责任治理相关文献研究的基础之上，属于探索性假设。考虑到我国政府的治理模式和中小企业发展的基本情况，必须通过实证调研，才能验证这些假设是否成立。本章选取我国中小企业样本，借鉴前人的研究，对我国推进中小企业社会责任建设政府角色战略的相关假设所涉及的变量进行可操作化定义，并开发形成可供测量的量表，辅以计量分析技术，通过实证调研考察政府角色战略对中小企业社会责任建设的有效性。

第一节　问卷设计

一、问卷设计方法和主要内容

国内管理学者李怀祖（2004）认为，借助问卷调查收集研究资料和数据是管理学研究常用的方法。由于本书研究我国政府不同角色战略模式对中小企业社会责任建设的关系，涉及政府与企业部门和社会部门的合作、公共政策工具的选择、中小企业社会责任建设的分类、中小企业履行企业社会责任的影响因素等多个方面。并且所涉及的变量多为不可观测变量，包括消费者、中小企业对企业社会责任建设和政府企业社会责任政策的认知程度等因素，所以难以获取公正、客观的统计数据。加之我国中小企业分布的地域广阔和行业跨度大，不同地方政府对中小企业社会责任的管理方式不同，推进中小企业社会责任建设的方式也不尽相同。政府角色模糊，没有针对中小企业社会责任建设的不同类型制定对应的政府战略，所以无法通过官方数据库对政府角色与中小企业社会责任建设的关系进行评估。因此，本章的统计研究采用问卷调查法获取中小企业关于政府角色战略与企业社会责任建设关系、中小企业社会责任建设偏好和中小企业社会责任建设的阻碍等信息，通过编码形成研究数据。

本书研究主要采用李克特的"五点"量表法，取得被调查者关于某测量陈述项的认同程度。在问卷调查过程中，对所调查的中小企业发放一份调查问卷，调查对象是中小企业的企业主或管理者①。问卷要求被调查者如实对企业社会责任建设现状、履行企业社会责任的态度、对政府企业社会责任政策的认知、企业社会责任建设对经营绩效的影响做出评价。具体来说，问卷主要涵盖以下几方面的内容：一是被调查企业的基本信息，包括经营范围、所属产业、创立时间、所属地区、员工规模；二是中小企业履行企业社会责任情况的调查，包括经营过程中的企业社会责任意识、企业社会责任管理理念、企业社会责任建设预算和企业社会责任评估；三是影响企业履行社会责任的因素调查，包括成本因素、技术因素、业绩回报、行业需求；四是政府推进中小企业角色战略行为对中小企业不同类型的企业社会责任建设的影响。

二、问卷设计过程

利用问卷调查法获取统计研究数据的关键在于问卷设计的质量，问卷的质量直接影响所获取数据的可靠性以及研究结论的严谨性。因此，问卷设计必须科学规范，选取合理的题项，进行合规通俗的表述，以保证获取数据的信度和效度。本书在问卷设计过程中主要通过实施以下流程保证问卷设计的质量和问卷调查的严谨性。

（1）对调查涉及变量的测量，借鉴已有的国内外量表设计。本书通过对政府角色、政府企业社会责任建设、政府战略、中小企业社会责任建设影响因素研究文献的回顾，结合国外成熟的政府角色和中小企业社会责任建设战略的评价模型，对我国政府推进中小企业社会责任建设角色战略评价指标进行了修正。在保

---

① 中小企业社会责任建设研究中，一般假设中小企业的管理者即企业主，集企业所有权和管理权为一身。

持原有逻辑的前提下，初步提出研究变量的相关测量题项，以供后续讨论和验证。

（2）通过学术界专家学者和政府相关政策实践者意见，针对问卷初稿中提出的测量题项进行修改。由于考虑到政府角色理论由国外学者提出，笔者在美国访学期间就政府角色定位和评价问题与美国学者进行了交流，理顺了政府角色战略推进中小企业社会责任建设的内在逻辑。我国地方政府（上海、江苏、浙江等）已经颁布了推进企业社会责任建设的政策，笔者通过关注其官方网站和政策执行进度，加强对我国政府相关政策体系的了解，为问卷设计奠定基础。

（3）与中小企业主（管理者）座谈交流，增进调查问卷的可操作性。中小企业主是本次调查问卷的客体，调查研究的顺利进行离不开他们的通力合作。笔者在调查问卷初稿完成之后，与部分中小企业主进行了座谈，听取他们对问卷的看法。针对反映出问卷问题过于专业、相关概念不理解等问题，并及时做了修改和补充，润色语句，做到简单易懂。

（4）问卷预测试，进一步获取问卷的修改建议，形成本书的最终问卷。在问卷大规模发放之前，选择部分中小企业的管理者和政府相关工作人员对问卷进行填写，对问卷进行了小范围的预测。根据预测试中所存在的问题和被调查对象所给出的意见，对问卷进行改进，形成了可供大规模发放的问卷。

第二节　量表开发

国内学者刘军（2008）[1] 指出，实证研究中用到的量表是对抽象概念的测量，可以来自前人已有研究中的成熟量表，也可以根据测量项目的实际情况进行修改，增加量表适用性。因此，本书设计量表以测量抽象概念，注重借鉴和采用权威学者在成熟的实证或理论研究中使用过的测量方式。同时根据我国中小企业社会责任建设的现状和企业主自身素质对量表的表述进行了修改，以更好地保证问卷调查的效度和信度要求。

---

① 刘军. 管理研究方法——原理与应用［M］. 北京：中国人民大学出版社，2008：116 – 117.

一、我国政府执法者角色战略量表

（一）政府执法者角色影响因素量表

政府在推进中小企业社会责任建设中的执法者角色是本书提出的新概念，对政府执法者角色的测量，主要参考 Craig 等 Simpson（2009）对亚洲、欧洲和美洲的 17 个国家政府推进中小企业社会责任建设政策的研究，结合我国政府现行推进企业社会责任建设的政策举措，对可能影响我国政府执法者角色评价因素作出假设。Craig（2008）等在研究世界各国政府的政策工具时只考虑到政策工具的性质和主题，但没有将政策工具与特定类型的中小企业社会责任建设相结合，在进行问卷调查时并非有的放矢。结合本书研究特点，在进行政府执法者角色量表开发过程中，将政府执法者角色的影响因素与中小企业"底线型"社会责任建设任务相结合。考虑到建设任务的紧迫性和强制性，需要政府采取高压措施。从谁来执行？如何执行？对谁执行？三个方面设计政府执法者角色的评价指标。假设中小企业"底线型"企业社会责任建设政策颁布部门的权威性、地方政府首脑的关注程度、联合执法监督、责任黑名单制度、行政处罚、经济处罚、企业主违规追责和设立举报电话为政府执法者角色的影响因素。对于本量表的测量，采用的是李克特五点式测量法，回答选项包括完全不同意、不同意、不确定、同意和完全同意五个选择，其中，"1"代表完全不同意，"5"代表非常同意。政府执法者角色影响因素测量问题项如表 6 - 1 所示。

表 6 - 1　政府执法者角色影响因素测量问题项

一、政府以"执法者"角色，以严格的法规、高频率的检查、高处罚等措施督促中小企业履行"底线型"社会责任

"执法者"角色的政策和行动	完全不同意	不同意	无所谓	同意	非常同意
政府中小企业社会责任建设政策颁布部门的权威性越高越有利于推进中小企业的"底线型"社会责任建设	1	2	3	4	5
政府设立以政府首脑为首的中小企业社会责任监管专职委员会能够推进中小企业的"底线型"社会责任建设	1	2	3	4	5
强化不同政府部门（市政部门、工商部门、税务部门等）联合执法能够推进中小企业的"底线型"社会责任建设	1	2	3	4	5

一、政府以"执法者"角色，以严格的法规、高频率的检查、高处罚等措施督促中小企业履行"底线型"社会责任

"执法者"角色的政策和行动	完全不同意	不同意	无所谓	同意	非常同意
政府设立企业责任黑名单制度并定期公开企业社会责任建设情况能够推进中小企业的"底线型"社会责任建设	1	2	3	4	5
政府加强对违规企业的行政处罚力度（如吊销执照）能够推进中小企业的"底线型"社会责任建设	1	2	3	4	5
政府加强经济处罚力度能够推进中小企业的"底线型"社会责任建设	1	2	3	4	5
政府加强对中小企业主/管理者的违规追责力度能够推进中小企业的"底线型"社会责任建设	1	2	3	4	5
政府设立中小企业社会责任监督投诉电话能够推进中小企业的"底线型"社会责任建设	1	2	3	4	5

（二）中小企业"底线型"企业社会责任建设量表

中小企业的"底线型"社会责任建设是本书从政府中小企业社会责任治理角度提出的新的企业社会责任类型，是指中小企业在经营过程中履行的最基础的社会责任。"底线型"企业社会责任的履行仅仅高于对相关法律的遵守，但如不履行此类企业社会责任，很可能造成违法后果。例如，三聚氰胺奶粉事件在发酵前，法律没有明文规定企业在奶粉生产过程中不能添加三聚氰胺，但企业在明知可能危害消费者生命健康安全的情况下依然使用，这就是企业没有履行底线型企业社会责任的具体表现。对政府来说，督促中小企业履行底线型企业社会责任一方面是防止中小企业跨越法律底线，另一方面也是为了防止公共安全问题的发生。目前学术界还没有对中小企业的底线型企业社会责任做出定义，本书参考《中国中小企业社会责任指南》中对中小企业社会责任不同类型的定义，对中小企业的"底线型"社会责任建设的测量采用以下指标。第一是依法纳税，依法纳税本应是企业的守法范畴，之所以将其纳入"底线型"企业社会责任建设，是因为我国中小企业的纳税违规、偷税漏税问题依然存在，而且"假发票"案件频发，给国家造成了经济损失。中小企业涉跨行业经营，容易打法律的"擦边球"，所以本书将依法纳税纳入中小企业的"底线型"社会责任建设；第二是生

产卫生环境质量，包括生产经营环境卫生和生产环境保护两个层面；第三是保证消费者的生命健康安全，此项本属消费者保护法内容，但本书强调"底线型"企业社会责任建设的目标是"事前预防"，督促企业在经营中评估潜在的对消费者生命健康造成危害的行为；第四是保证员工的法定基本权益，中小企业在雇佣行为中存在随意性，由于组织结构松散，统一管理，员工的权益保护比较脆弱，出现损害员工合法法定权益时，员工往往无法通过法律渠道维护自身权益。被调查人的回答采用李克特五点量表方式，"1"代表完全不同意，"5"代表非常同意。如表6－2所示。

表6－2　中小企业"底线型"社会责任建设量表

政府"执法者"角色对以下不同类型中小企业"底线型"社会责任建设的影响程度	完全不同意	不同意	无所谓	同意	非常同意
依法纳税	1	2	3	4	5
保证生产卫生环境质量	1	2	3	4	5
保证消费者健康安全	1	2	3	4	5
保证员工的法定基本权益	1	2	3	4	5

二、我国政府管治者角色战略量表

（一）政府管治者角色影响因素量表

政府管治者角色在国内外企业社会责任建设文献中经常出现，国外使用管制者（regulator）与管制（regulation）政策工具相联系，主要是指政府通过法律法规来推进中小企业社会责任建设。本书所讨论的管治者角色是建立在Lozano，M.等（2007）提出的政府角色理论分析的基础上，考虑到我国政府中小企业社会责任建设战略环境，该角色战略主要突出政府与企业就企业社会责任政策进行协商，共同应对企业履行社会责任过程中出现的问题。因此本书设计以下题项对我国政府管治者角色进行测量。被调查人的回答采用李克特五点量表方式，"1"代表完全不同意，"5"代表非常同意。如表6－3所示。

（二）中小企业对内部员工的企业社会责任建设量表

中小企业对内部员工的企业社会责任建设量表设计参考《中国中小企业社会责任指南》中员工企业社会责任的分类。结合本书研究内容，设计以下题项对中小企业对内部员工的企业社会责任建设进行测量。被调查人的回答采用李克特五点量表方式，"1"代表完全不影响，"5"代表显著影响。如表6－4所示。

表6-3 政府管治者角色影响因素量表

政府以"管治者"角色，采取强化与中小企业的沟通协作，定期审查、提升对相关责任问题的回应性，与企业"荣辱与共"等政策和行动推进中小企业对内部员工的社会责任建设

"管治者"角色的政策和行动	完全不同意	不同意	无所谓	同意	非常同意
政府与企业协商制定企业对内部员工社会责任的内容和重点能够推进中小企业对内部员工的企业社会责任建设	1	2	3	4	5
政府与企业员工代表定期座谈沟通能够推进中小企业对内部员工的企业社会责任建设	1	2	3	4	5
政府与中小企业协会合作能够推进中小企业对内部员工的企业社会责任建设	1	2	3	4	5
政府与企业定期通报企业对内部员工企业社会责任的履行情况能够推进中小企业对内部员工的企业社会责任建设	1	2	3	4	5
政府与企业发表关于员工企业社会责任的共同承诺能够推进中小企业对内部员工的企业社会责任建设	1	2	3	4	5
政府设立网站建立"中小企业员工之家"等社会责任项目能够推进中小企业对内部员工的企业社会责任建设	1	2	3	4	5

表6-4 中小企业对内部员工的企业社会责任建设量表

政府"管治者"角色对以下不同类型中小企业对内部员工的社会责任建设的影响程度	完全不影响	不影响	无所谓	影响	显著影响
员工培训	1	3	3	4	5
员工创新激励	1	2	3	4	5
民族平等就业	1	2	3	4	5
减少性别歧视	1	2	3	4	5
依法合理执行劳动合同	1	2	3	4	5
不在结婚、怀孕、产期等辞退女性	1	2	3	4	5
员工待遇与企业竞争力同步提升	1	2	3	4	5
采取必要的措施评估和防止职业健康安全风险	1	2	3	4	5
鼓励文化的多源和包容性	1	2	3	4	5

三、我国政府规制者角色战略量表

(一) 政府规制者角色影响因素量表

政府规制者角色是政府与社会部门合作,通过财政、金融、税收、政府采购、培训等政策工具,刺激社会对企业社会责任的消费,从需求端推进中小企业的绿色发展社会责任建设。政府规制者角色战略以政府与社会部门合作制定规则,设立竞争机制,促进中小企业的绿色发展社会责任。具体包括绿色发展奖励制度、环保减税、减排补贴、政府购买、政府示范、融贷优惠等,通过这些机制为中小企业履行环境保护、资源节约等方面的社会责任创造市场机制,使中小企业绿色发展社会责任建设与企业发展相呼应。因此,本书设计以下题项对我国政府规制者角色进行测量。被调查人的回答采用李克特五点量表方式,"1"代表完全不同意,"5"代表非常同意。如表6-5所示。

表6-5 政府规制者角色测量量表

政府以"规制者"角色,采取制定基本规则的基础上加强与社会组织部门合作,激发市场对企业社会责任建设的需求,以财政、金融、经济、信誉等手段激励中小企业的绿色发展社会责任建设				
"规制者"角色的政策和行动	完全不同意	不同意	无所谓	同意	非常同意
政府设立中小企业"绿色发展"责任奖等类似评奖机制能够推进中小企业的绿色发展社会责任建设	1	2	3	4	5
政府对采用绿色节能环保技术的中小企业进行财政补贴能够推进中小企业的绿色发展社会责任建设	1	2	3	4	5
政府加大对企业排污、能源资源消耗的收费力度能够推进中小企业的绿色发展社会责任建设	1	2	3	4	5
政府推行"责任采购"优先与负责任的中小企业发展合作关系能够推进中小企业的绿色发展社会责任建设	1	2	3	4	5
政府在自身的工作和行政过程中为中小企业树立绿色、节约、环保负责任的表率能够推进中小企业的绿色发展社会责任建设	1	2	3	4	5
政府和社会组织对中小企业进行企业社会责任建设知识和技能培训能够推进中小企业的绿色发展社会责任建设	1	2	3	4	5

续表

政府以"规制者"角色，采取制定基本规则的基础上加强与社会组织部门合作，激发市场对企业社会责任建设的需求，以财政、金融、经济、信誉等手段激励中小企业的绿色发展社会责任建设

"规制者"角色的政策和行动	完全不同意	不同意	无所谓	同意	非常同意
政府与银行部门合作对履行绿色发展责任较好的中小企业实行融资、贷款等方面的金融优惠优先政策能够推进中小企业的绿色发展社会责任建设	1	2	3	4	5
政府与企业所在社区合作对履行绿色发展责任并达成良好效果的中小企业进行税费减免降低其经营成本能够推进中小企业的绿色发展社会责任建设	1	2	3	4	5

（二）中小企业的绿色发展企业社会责任建设量表

中小企业的绿色发展责任是从政府的视角推进企业在经营过程中履行对环境保护、资源节约、新能源利用等方面的企业社会责任。根据《中国中小企业社会责任指南》中对环境责任的解释，结合本书研究内容，设计以下题项对中小企业的绿色发展社会责任进行测量。被调查人的回答采用李克特五点量表方式，"1"代表完全不影响，"5"代表显著影响。如表6-6所示。

表6-6 中小企业的绿色发展社会责任建设量表

政府"规制者"角色对以下不同类型中小企业绿色发展社会责任建设的影响程度	完全不影响	不影响	无所谓	影响	显著影响
识别污染源并评价对环境影响	1	2	3	4	5
减少污染排放	1	2	3	4	5
改善工艺流程、技术、设备和管理体系等方法提高排放标准	1	2	3	4	5
确立环境改善目标并定期评审	1	2	3	4	5
提高资源能源使用效率	1	2	3	4	5
尝试无污染、无危害的替代技术和替代材料	1	2	3	4	5
提高可再生能源和清洁能源的利用比例	1	2	3	4	5
在产品设计和服务模式创新方面注重环境保护和资源节约	1	2	3	4	5

四、我国政府组织者角色战略量表

（一）政府组织者角色影响因素量表

政府的组织者角色强调政府与企业部门和社会部门的联合协作，推进中小企业的企业社会责任理念建设。政府在与企业部门和社会部门互动中主要依靠政府的影响力、号召力、信誉度动员社会力量，引导社会利益相关者（集团）参与企业社会责任建设理念的讨论。组织者角色的主要影响因素包括建立三方沟通机制、开展社区宣传、倡导责任消费、引导社会责任投资、加强国际交流、建设资源共享中心、联合非营利组织等。本书设计以下题项测量政府组织者角色。被调查人的回答采用李克特五点量表方式，"1"代表完全不同意，"5"代表非常同意。如表6-7所示。

表6-7　政府组织者角色测量量表

政府以"组织者"角色，利用自身的资源和影响力为中小企业和社会组织、各方利益群体提供机会，使政府、企业和社会三方更好地参与到企业社会责任建设中，为中小企业履行社会责任营造良好的公共氛围，推动中小企业社会责任建设理念的不断提升

"组织者"角色的政策和行动	完全不同意	不同意	无所谓	同意	非常同意
政府鼓励企业与当地社区和各利益相关方之间建立公开、透明、基于对话和协商的沟通与参与机制能够推进中小企业的企业社会责任理念建设	1	2	3	4	5
政府与社区合作加强企业社会责任建设宣传能够推进中小企业的企业社会责任理念建设	1	2	3	4	5
政府与企业联合开展责任消费运动能够推进中小企业的企业社会责任理念建设	1	2	3	4	5
政府在市场中倡导企业社会责任投资能够推进中小企业的企业社会责任理念建设	1	2	3	4	5
政府组织企业和社会组织共同学习国外先进企业社会责任管理理论能够推进中小企业的企业社会责任理念建设	1	2	3	4	5
政府建立中小企业社会责任建设资源中心提供企业社会责任建设项目能够推进中小企业的企业社会责任理念建设	1	2	3	4	5
政府鼓励中小企业与慈善组织、环保组织加强合作能够推进中小企业的企业社会责任理念建设	1	2	3	4	5

（二）中小企业社会责任理念建设量表

中小企业社会责任理念建设包括企业角度的社会责任管理意识和理念提升，源于政府对中小企业履行社会责任的支持、企业主对履行社会责任的态度、公众对企业履行社会责任的诉求以及同行业企业履行社会责任的竞争环境。参考《中国中小企业社会责任指南》，结合本书研究内容，设计以下题项测量中小企业社会责任理念建设。被调查人的回答采用李克特五点量表方式，"1"代表完全不影响，"5"代表显著影响。如表6-8所示。

表6-8 中小企业社会责任理念建设测量量表

政府"组织者"角色对以下不同类型中小企业社会责任理念建设的影响程度	完全不影响	不影响	无所谓	影响	显著影响
实施企业社会责任战略	1	2	3	4	5
公平、诚信成为经营理念	1	2	3	4	5
参与促进企业社会责任建设的行业性或区域性组织	1	2	3	4	5
提供具有竞争优势的价格，也不会降低产品和服务的标准	1	2	3	4	5
建立与采购、销售、招投标等业务环节的诚信准则	1	2	3	4	5
反对和杜绝商业贿赂	1	2	3	4	5
评价合作关系中潜在的社会责任影响	1	2	3	4	5
在采购决策和营销实践中兼顾社会责任	1	2	3	4	5
反对并不进行虚假、误导性广告宣传	1	2	3	4	5

第三节 问卷发放与数据分析方法

一、样本的选择和问卷发放与回收

根据本书的研究内容，需要对我国政府角色战略的影响因素和中小企业社会责任建设绩效之间的关系进行实证调查，实证调查的样本是中小企业。随着中小企业在我国经济发展中发挥日益重要的作用，不断融入全球生产和贸易环节，同时对我国的环境造成了与其影响力成正比的影响，造成中国制造在世界范围内的不良口碑。因此，推进中小企业社会责任建设任务日益紧迫，需要政府发挥作用合理运用相关政策工具有序推进中小企业履行社会责任。中小企业在我国数量大、分布广、行业跨度大成为市场上庞大且重要的经营主体。因此，要保证本次实证调查结果的可检验性，首先需要采用科学合理的样本选择和收集方法。

中小企业的发展状况与所在地区经济发展水平相联系，因此本书在样本选择时主要在河南、江苏、浙江、山东四地进行问卷发放和数据收集，以更好地保证样本的代表性。在问卷的发放过程中，主要采用在各地区确定主要联络人的方式进行问卷的发放。在上述四地区中共选定 50 名联络人，这些联络人大多是国内中小企业的管理者或者企业主，他们在各自的领域进行着相关的企业管理工作，因此他们具有较好的资源能够接触到其他中小企业的高层管理人员，保证了样本的代表性和数据的准确性。

考虑到中小企业社会责任建设的自愿性原则，本书研究政府推进中小企业社会责任建设。研究目的是考察政府如何为有企业社会责任建设意愿的中小企业创造良好的政策支持环境，并不意味着政府要求所有的中小企业按照统一标准履行企业社会责任。本书研究是基于政府合作治理理念，在中小企业社会责任建设行动中主张政府驱动，企业自愿协作。所以本书研究的问卷发放是通过以下步骤，特此说明。

（1）确立调查样本中小企业的所在区域为河南、山东、江苏、浙江四个省份。

（2）考虑到数据收集的可行性，选定六个行业的 1000 家企业进行调研。

（3）通过邮件和电话访谈的方式对企业主接受调研的意向进行沟通。

（4）排除 278 家对企业社会责任问题不感兴趣，不愿配合调研的企业。

（5）对剩余的 722 家企业进行问卷调查。

对联络人员所获取到的问卷，首先需要进行问卷有效性的简单评判。问卷是否有效的评判标准，一是问卷的信息需要保证完整，不能有漏答的选项。二是问卷题项中有特别设计的反向题项，如果这些反向问项不能通过，即为无效问卷。三是在所填答的问卷中，不能有超过 10 个连续选择同一选项，否则即为无效问卷。最终，本次调查共发放问卷 722 份，回收 600 份，回收率为 83.1%，有效问卷为 500 份，基本达到了实证调查的预期目标和基本要求。

二、问卷数据分析方法

（一）描述性统计分析

描述性统计分析是利用样本数据进行统计分析和推断的先决条件，通过对样本数据所包含的信息进行概括、整理和运算，获得样本数据的定性描述。描述性统计主要解决两个方面的问题，一是采用百分比等指标，对样本企业的基本信息包括所在地区、所在产业，进入市场年限、企业社会责任建设基本情况等进行定性的描述。二是采用均值、方差和标准差等指标，了解实证调查所涉及研究变量的数值特征，对这些数据的收敛性和数值特征作初步的认识和判断。

（二）信度效度分析

问卷分析的实证调查方法是通过研究总体的样本来提供有关总体的趋势、态度及意见的定量或定性的描述，由此而获取关于总体研究的结论。因此，要保证总体研究结论的准确性，首先需要对所收集的数据进行信度和效度检验，保证样本数据对总体数据的可代表性和准确性。

信度是指测量结果的一致性或稳定性，一般采用考察内部一致性信度的方法，即计算克朗巴哈（Cronbach's α）系数。一般来说，Cronbach's α 系数需要达到 0.7 以上，表明数据具有较高的信度。所谓效度，是指测量结果能够真实、客观、准确地反映样本属性的差异性。效度的分析主要包括内容效度分析和结构效度分析。对于内容效度来说，由于本书研究中所涉及的重要概念，是建立在已有研究文献基础上的科学界定，调查问卷的测量问项均选择国内外相关文献中所使用的成熟量表。针对部分添加或修改的测量问项，本书研究通过专家访谈的形式，约请了数位跨国公司在华社会责任事务的负责人和国内相关研究领域专家，对所添加和修改的测量问项进行了详细分析，并根据这些专家的意见进行了相应的调整，保证了问卷测量问项的内容效度要求。结构效度是对测量问卷是否能够有效测量理论对现实的反映程度，本书主要通过探索性因子分析的方法对结构效度进行分析。

（三）因子分析

在对问卷进行信度和效度检验之后，需要进行影响因子的统计分析。本书采用因子分析模型来进行数据的推断性统计分析。因子分析近年来广泛应用于心理学、经济学、社会科学和行为科学等研究领域，相比于传统的回归分析，因子分析能够同时处理多个因变量，并容许因变量和自变量测量误差的存在，它能够同时估计出多个潜变量之间的结构关系。由于本书研究中涉及多个潜变量，且多个潜变量之间的因果关系较为复杂，同时由于题项的主观性强，导致潜变量度量误差较大，因此适用因子分析和主成分分析进行多变量之间关系的处理和分析。

（四）相关性分析

通过相关性分析以确定政府角色战略行为对政府角色战略有效性的影响，可以得出政府推进中小企业社会责任建设的重点，进而提升政府政策的有效性和政策效率。为了更好地形成政策检验，本书对四种政府角色战略分别进行了相关性分析，针对角色特点和角色范围，为政府下一步行动提供参考。

第四节　实证调查数据处理

在上文理论分析的基础上，构建了关于我国政府推进中小企业社会责任建设的角色战略假设框架，并利用调查问卷的形式对中小企业进行了实证调查。下面将对通过实证调查获取的数据进行描述性统计分析和推断性统计分析，以获取相关样本的基本情况和假设验证情况。实证调查数据分析主要包括所获取样本的描述性统计分析、信度效度分析、主成分分析、影响因子分析和回归分析，并根据实证处理结果对所构建假设是否得到验证做简单的说明。

一、样本的描述性统计分析

（一）被调查中小企业的区域分布情况

本次问卷调查的样本群体是在我国工商部门注册的中小企业①，所在地区分布情况如图 6 - 1 所示，被调查中小企业中，所在地为浙江省的最多，共 207 家，占 41.4%；其次是河南省的中小企业，共计 120 家，占 24%；来自山东省的中小企业共计 90 家，占 18%；江苏省的中小企业 83 家，占 16.6%。样本中包含的中小企业集中分布在我国的中东部地区。

（二）调查样本中小企业所在行业

本次问卷调查对象中小企业涉及农、林、牧、渔业，工业，零售业，餐饮业，软件和信息技术服务业，金融业。其中前五类行业是基于《中国中小企业社会责任指南》中对中小企业的分类，而金融业在分类中并未出现，被划归为其他行业。其中，工业占样本比重最大，共 166 家，占 33.2%；零售业共计 100 家，占 20%；餐饮业和农、林、牧、渔业各 67 家，共占 26.8%；软件和信息技术服务业 100 家，共占 20%，如图 6 - 2 所示。

---

①　根据《中华人民共和国中小企业促进法》和《国务院关于进一步促进中小企业发展的若干意见》（国发〔2009〕36 号）规定的中小企业划分标准。

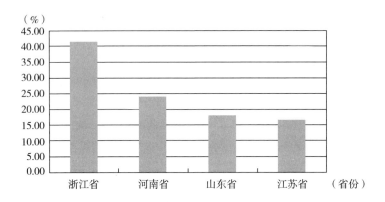

图 6 - 1   调查样本中小企业地区分布情况

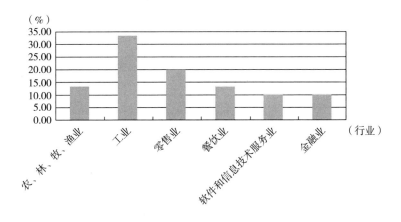

图 6 - 2   调查样本中小企业所在行业分布

（三）调查样本中小企业的规模

本书调查对象中小企业的员工规模在 50～300 人，其中员工人数在 50～100 人的中小企业 77 家，占 15.4%；101～150 人的中小企业有 146 家，占 29.2%；151～200 人的中小企业有 154 家，占 30.8%；201～250 人的中小企业有 70 家，占 14%；251～300 人的中小企业有 53 家，占 10.6%，如图 6－3 所示。

（四）调查样本中小企业成立年限

本次调研中小企业的成立年限大多在 3～6 年，共计 260 家，占 52%；成立年限在 0～3 年的中小企业共计 124 家，占 24.8%；成立年限在 6～9 年的中小企业共计 70 家，占 14%；成立 9 年以上的中小企业共计 46 家，占 9.2%，如图 6－4 所示。

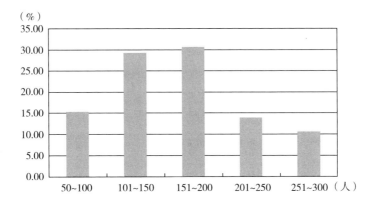

图 6 - 3　调查样本中小企业规模

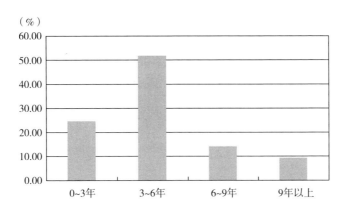

图 6 - 4　调查样本中小企业成立年限分布

（五）调查样本中小企业社会责任建设情况

为了了解中小企业主对企业社会责任建设的基本态度，调查问卷中设计了中小企业社会责任建设情况题项，将中小企业社会责任建设按升序设置为四个层次，分别是具备企业社会责任意识、将履行企业社会责任融入管理、制定企业社会责任建设预算、定期评价企业社会责任建设成果。该题项的设计参考了欧盟对企业社会责任建设进行的阶段性规划①，认为企业社会责任建设的成果可以归属为管理层具备中小企业社会责任意识、对企业内部实行企业社会责任管理、制定企业社会责任报告、制定企业社会责任建设独立预算和定期评估企业社会责任建

---

① 雷吉娜·巴特，弗兰齐斯卡·沃尔夫．企业社会责任在欧洲：现实与梦想 ［M］．武汉：华中科技大学出版社，2011：9.

设效果。由于中小企业的企业主直接影响到企业社会责任建设行为，且中小企业缺乏企业社会责任报告，因此删除了企业社会责任报告选项。通过问卷统计，其中274家中小企业主表示具有企业社会责任意识，占54.8%；150家中小企业主表示在经营管理中坚持履行了企业社会责任，占30%；只有60家中小企业为企业社会责任建设制定了预算，占12%；仅有16家企业定期评估企业社会责任建设成果，占3.2%。如图6-5所示。

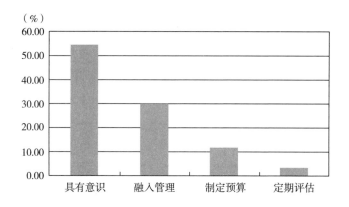

图6-5 调查样本中小企业社会责任建设情况

二、因子分析

（一）"执法者"量表的因子分析

首先进行KMO和巴特利特检验来检验执法者角色的政策和行动量表是否适合进行因子分析，检验结果如表6-9所示，KMO统计量为0.789，大于0.6，巴特利特检验卡方值为562.087，显著性接近于0，适合进行因子分析。

表6-9 执法者角色KMO和巴特利特检验

KMO取样适切性量数		0.789
巴特利特球形度检验	近似卡方	562.087
	自由度	66
	显著性	0.000

表6-10　执法者角色因子分析结果

成分	初始特征值			提取载荷平方和			旋转载荷平方和		
	总计	方差百分比（%）	累计（%）	总计	方差百分比（%）	累计（%）	总计	方差百分比（%）	累计（%）
1	5.601	46.675	46.675	5.601	46.675	46.675	5.212	43.435	43.435
2	2.948	24.569	71.244	2.948	24.569	71.244	3.337	27.809	71.244

表6-11　执法者角色旋转后成分矩阵

	成分	
	1	2
A1.1	0.555	0
A1.2	0.697	0
A1.3	0.538	0
A1.4	0.693	0
A1.5	0.586	0
A1.6	0.633	0
A1.7	0.561	0
A1.8	0.560	0
A2.1	0	0.565
A2.2	0	0.694
A2.3	0	0.521
A2.4	0	0.692

注：①旋转方法：凯撒正态化最大方差法；②旋转在三次迭代后已收敛。

从因子分析结果来看（见表6-10），因子分析共提取出2个因子，公因子1的特征根为5.212，方差解释率为43.435%，公因子2的特征根为3.337，方差解释率为27.809%，总共解释了71.244%的方差变异，提取的效果较好，下面为旋转后的因子载荷表（见表6-11）：

从因子分析结果来看，因子1主要是在A1.1、A1.2、A1.3、A1.4、A1.5、A1.6、A1.7、A1.8题项上的载荷较大，集中说明执法者角色的政策和行动。因子2主要在A2.1、A2.2、A2.3、A2.4题项上载荷较大，集中主要说明政府"执法者"角色对以下不同类型中小企业"底线型"社会责任建设的影响程度。综合说明执法者量表的结构较好，且符合理论建构。

(二)"管治者"量表的因子分析

首先进行 KMO 和巴特利特检验来检验管治者量表是否适合进行因子分析，检验结果如表 6-12 所示，KMO 统计量为 0.727，大于 0.6，巴特利特检验卡方值为 223.673，显著性接近于 0，适合进行因子分析。

表 6-12 管治者角色 KMO 和巴特利特检验

KMO 取样适切性量数		0.727
巴特利特球形度检验	近似卡方	223.673
	自由度	105
	显著性	0.000

表 6-13 管治者角色因子分析结果

成分	初始特征值			提取载荷平方和			旋转载荷平方和		
	总计	方差百分比（%）	累计（%）	总计	方差百分比（%）	累计（%）	总计	方差百分比（%）	累计（%）
1	5.356	35.704	35.704	5.356	35.704	35.704	5.512	36.746	36.746
2	4.361	29.075	64.779	4.361	29.075	64.779	4.205	28.032	64.779

从因子分析结果来看（见表 6-13），因子分析共提取出 2 个因子，公因子 1 的特征根为 5.512，方差解释率为 36.746%，公因子 2 的特征根为 4.205，方差解释率为 28.032%，总共解释了 64.779% 的方差变异，提取的效果较好，下面为旋转后的因子载荷表（见表 6-14）：

表 6-14 管治者角色旋转后矩阵

	成分	
	1	2
B1.1	0.524	0
B1.2	0.623	0
B1.3	0.666	0
B1.4	0.526	0
B1.5	0.566	0
B1.6	0.684	0

续表

	成分	
	1	2
B2.1	0	0.521
B2.2	0	0.655
B2.3	0	0.613
B2.4	0	0.600
B2.5	0	0.603
B2.6	0	0.688
B2.7	0	0.612
B2.8	0	0.679
B2.9	0	0.520

注：①主成分分析法、凯撒正态化最大方差法；②旋转在三次迭代后已收敛。

从因子分析结果来看，因子 1 主要是在 B1.1、B1.2、B1.3、B1.4、B1.5、B1.6 题项上的载荷较大，集中说明管治者角色的政策和行动。因子 2 主要在 B2.1、B2.2、B2.3、B2.4、B2.5、B2.6、B2.7、B2.8、B2.9 题项上载荷较大，集中说明政府"管治者"角色对以下不同类型中小企业"底线型"社会责任建设的影响程度。综合说明执法者量表的结构较好，且符合理论建构。

（三）"规制者"量表的因子分析

首先进行 KMO 和巴特利特检验来检验规制者量表是否适合进行因子分析，检验结果如表 6 – 15 所示，KMO 统计量为 0.802，大于 0.6，巴特利特检验卡方值为 198.774，显著性接近于 0，适合进行因子分析。

表 6 – 15　规制者角色 KMO 和巴特利特检验

KMO 取样适切性量数		0.802
巴特利特球形度检验	近似卡方	198.774
	自由度	120
	显著性	0.000

从因子分析结果来看（见表 6 – 15），因子分析共提取出 2 个因子，公因子 1 的特征根为 7.022，方差解释率为 43.889%，公因子 2 的特征根为 5.344，方差解释率为 33.401%，总共解释了 77.290% 的方差变异，提取的效果较好，下面

为旋转后的因子载荷表（见表 6 – 17）：

表 6 – 16　规制者角色因子分析结果

成分	初始特征值			提取载荷平方和			旋转载荷平方和		
	总计	方差百分比（％）	累计（％）	总计	方差百分比（％）	累计（％）	总计	方差百分比（％）	累计（％）
1	6.477	40.483	40.483	6.477	40.483	40.483	7.022	43.889	43.889
2	5.889	36.807	77.290	5.889	36.807	77.290	5.344	33.401	77.290

表 6 – 17　规制者角色旋转后矩阵

	成分	
	1	2
C1.1	0.838	0
C1.2	0.677	0
C1.3	0.545	0
C1.4	0.621	0
C1.5	0.661	0
C1.6	0.812	0
C1.7	0.642	0
C1.8	0.656	0
C2.1	0	0.502
C2.2	0	0.635
C2.3	0	0.606
C2.4	0	0.547
C2.5	0	0.783
C2.6	0	0.635
C2.7	0	0.712
C2.8	0	0.777

　　注：①提取方法：主成分分析法；②旋转方法：凯撒正态化最大方差法；③旋转在三次迭代后已收敛。

　　从因子分析结果来看，因子 1 主要是在 C1.1、C1.2、C1.3、C1.4、C1.5、C1.6、C1.7、C1.8 题项上的载荷较大，集中说明规制者角色的政策和行动。因子 2 主要在 C2.1、C2.2、C2.3、C2.4、C2.5、C2.6、C2.7、C2.8 题项上载荷较大，集中说明政府"规制者"角色对以下不同类型中小企业"底线型"社会责任建设的影响程度。综合说明执法者量表的结构较好，且符合理论建构。

（四）组织者量表的因子分析

首先进行 KMO 和巴特利特检验来检验组织者量表是否适合进行因子分析，检验结果如表 6－18 所示，KMO 统计量为 0.660，大于 0.6，巴特利特检验卡方值为 196.686，显著性接近于 0，适合进行因子分析。

表 6－18　组织者角色 KMO 和巴特利特检验

KMO 取样适切性量数		0.660
巴特利特球形度检验	近似卡方	196.686
	自由度	120
	显著性	0.000

从因子分析结果来看（见表 6－19），因子分析共提取出 2 个因子，公因子 1 的特征根为 6.254，方差解释率为 49.684%，公因子 2 的特征根为 3.475，方差解释率为 27.606%，总共解释 60.803% 的方差变异，提取的效果较好，下面为旋转后的因子载荷表（见表 6－20）：

表 6－19　组织者角色因子分析结果

成分	初始特征值			提取载荷平方和			旋转载荷平方和		
	总计	方差百分比（%）	累计（%）	总计	方差百分比（%）	累计（%）	总计	方差百分比（%）	累计（%）
1	6.488	40.547	40.547	6.488	40.547	40.547	6.254	49.684	49.684
2	3.241	20.256	60.803	3.241	20.256	60.803	3.475	27.606	60.803

从因子分析结果来看，因子 1 主要是在 D1.1、D1.2、D1.3、D1.4、D1.5、D1.6、D1.7 题项上的载荷较大，集中说明组织者的角色的政策和行动。因子 2 主要在 D2.1、D2.2、D2.3、D2.4、D2.5、D2.6、D2.7、D2.8、D2.9 题项上载荷较大，集中说明政府"组织者"角色对以下不同类型中小企业"底线型"社会责任建设的影响程度。综合说明执法者量表的结构较好，且符合理论建构。

表 6-20　组织者角色旋转后矩阵

	成分	
	1	2
D1.1	0.643	0
D1.2	0.716	0
D1.3	0.677	0
D1.4	0.504	0
D1.5	0.606	0
D1.6	0.547	0
D1.7	0.719	0
D2.1	0	0.748
D2.2	0	0.608
D2.3	0	0.783
D2.4	0	0.683
D2.5	0	0.696
D2.6	0	0.725
D2.7	0	0.535
D2.8	0	0.676
D2.9	0	0.577

注：①旋转方法：主成分分析法、凯撒正态化最大方差法；②旋转在三次迭代后已收敛。

三、描述性统计表

执法者角色的政策和行动平均水平为 3.927，标准差为 0.366，执法者影响程度的均值水平为 3.825，标准差为 0.532。

表 6-21　执法者角色量表的描述性统计

	个案数	最小值	最大值	平均值	标准差
A1.1	500	1	5	3.75	1.037
A1.2	500	1	5	4.07	0.917
A1.3	500	1	5	3.94	0.884
A1.4	500	2	5	3.99	0.843
A1.5	500	2	5	3.73	0.969

续表

	个案数	最小值	最大值	平均值	标准差
A1.6	500	1	5	3.96	0.866
A1.7	500	1	5	3.92	0.952
A1.8	500	1	5	4.07	0.932
A2.1	500	1	5	3.89	0.952
A2.2	500	1	5	3.63	0.993
A2.3	500	1	6	3.81	1.013
A2.4	500	2	6	3.97	0.893
执法者角色的政策和行动	500	2.75	5.00	3.9267	0.36643
执法者影响程度	500	2.00	5.00	3.8250	0.53152
有效个案数（成列）	500	—	—	—	—

表6-22 管治者量表的描述性统计

	个案数	最小值	最大值	平均值	标准差
B1.1	500	2	5	4.03	0.802
B1.2	500	1	5	3.97	0.827
B1.3	500	1	5	3.38	1.151
B1.4	500	1	5	3.64	0.999
B1.5	500	2	5	3.09	0.955
B1.6	500	1	5	4.08	0.815
B2.1	500	1	5	4.12	0.904
B2.2	500	2	5	3.93	0.935
B2.3	500	1	5	3.67	1.041
B2.4	500	2	5	3.84	0.891
B2.5	500	2	5	3.89	0.860
B2.6	500	1	5	3.35	1.181
B2.7	500	2	5	4.05	0.780
B2.8	500	1	5	3.63	0.987
B2.9	500	2	5	4.00	0.859
管治者政策和行动	500	2.67	5.00	3.6978	0.41387
管治者影响程度	500	2.63	5.00	3.8550	0.49390
有效个案数（成列）	500	—	—	—	—

管治者角色的政策和行动平均水平为 3.698，标准差为 0.414，管治者影响程度的均值水平为 3.86，标准差为 0.494。

表 6 - 23　规制者量表的描述性统计

	个案数	最小值	最大值	平均值	标准差
C1.1	500	2	5	3.87	0.735
C1.2	500	3	5	4.41	0.580
C1.3	500	1	5	3.41	0.914
C1.4	500	2	5	3.92	0.886
C1.5	500	1	5	3.43	1.101
C1.6	500	3	5	4.03	0.699
C1.7	500	2	5	4.08	0.747
C1.8	500	2	5	3.91	0.822
C2.1	500	1	5	3.78	1.067
C2.2	500	1	5	3.57	1.107
C2.3	500	2	5	3.92	0.799
C2.4	500	2	5	3.95	0.805
C2.5	500	2	5	4.14	0.769
C2.6	500	2	5	4.08	0.728
C2.7	500	2	5	4.03	0.741
C2.8	500	2	5	4.01	0.768
规制者角色的政策和行动	500	3.13	4.75	3.8825	0.31404
规制者影响程度	500	2.50	5.00	3.9358	0.35907
有效个案数（成列）	500	—	—	—	—

规制者角色的政策和行动平均水平为 3.88，标准差为 0.314，规制者影响程度的均值水平为 3.94，标准差为 0.359。

表 6 - 24　组织者量表的描述统计

	个案数	最小值	最大值	平均值	标准差
D1.1	500	1	5	4.03	0.781
D1.2	500	1	5	3.99	0.803
D1.3	500	2	5	3.98	0.815

续表

	个案数	最小值	最大值	平均值	标准差
D1.4	500	2	5	3.99	0.790
D1.5	500	2	5	3.85	0.910
D1.6	500	1	5	3.45	0.894
D1.7	500	1	5	4.26	0.718
D2.1	500	1	5	4.11	0.782
D2.2	500	1	5	4.03	0.843
D2.3	500	1	5	4.02	0.847
D2.4	500	1	5	3.83	1.060
D2.5	500	2	5	4.10	0.841
D2.6	500	3	5	4.09	0.780
D2.7	500	1	5	4.03	0.823
D2.8	500	2	5	4.10	0.740
D2.9	500	2	5	4.04	0.776
组织者角色的政策和行动	500	1.43	4.86	3.9352	0.38730
组织者影响程度	500	2.78	5.00	4.0393	0.32798
有效个案数（成列）	500	—	—	—	—

组织者角色的政策和行动平均水平为 3.94，标准差为 0.387，组织者影响程度的均值水平为 4.04，标准差为 0.328。

四、相关性分析

（一）执法者量表的相关性分析

从相关分析来看（见表 6 - 25），政府"执法者"角色对以下不同类型中小企业"底线型"社会责任建设的影响程度与"执法者"角色的政策和行动各题项的相关显著性均在 0.01 的水平下显著，说明管治者影响程度与"执法者"角色的政策和行动各维度均有显著性的正相关。从相关系数来看，相关系数均在 0.4 ~ 0.7，说明执法者影响程度与"执法者"角色的政策和行动各题项之间具有显著性的中度正相关关系。"执法者"角色的政策水平越高，政府"执法者"角色对以下不同类型中小企业"底线型"社会责任建设的影响程度也会越高。

表 6 - 25　执法者角色战略的相关性

相关性									
	执法者影响程度	A1. 1	A1. 2	A1. 3	A1. 4	A1. 5	A1. 6	A1. 7	A1. 8
执法者影响程度	1	0. 438 **	0. 510 **	0. 538 **	0. 618 **	0. 411 **	0. 557 **	0. 615 **	0. 503 **
A1. 1	0. 038	1	0. 145	0. 152	0. 035	0. 037	0. 108	0. 081	0. 038
A1. 2	0. 110	0. 145	1	0. 220 **	0. 042	0. 040	0. 047	0. 045	0. 018
A1. 3	0. 138	0. 152	0. 220 **	1	0. 116	0. 098	0. 170 *	0. 070	0. 005
A1. 4	0. 118	0. 035	0. 042	0. 116	1	0. 013	0. 008	0. 199 *	0. 018
A1. 5	0. 011	0. 037	0. 040	0. 098	0. 013	1	0. 069	0. 209 *	0. 132
A1. 6	0. 157	0. 108	0. 047	0. 170 *	0. 008	0. 069	1	0. 191 *	0. 028
A1. 7	0. 015	0. 081	0. 045	0. 070	0. 199 *	0. 209 *	0. 191 *	1	0. 173 *
A1. 8	0. 003	0. 038	0. 018	0. 005	0. 018	0. 132	0. 028	0. 173 *	1

注："**"代表在 0. 01 级别（双尾）相关性显著；"*"代表在 0. 05 级别（双尾）相关性显著。

（二）管治者量表的相关分析

从相关分析来看（见表 6 - 26），政府"管治者"角色对以下不同类型中小企业"底线型"社会责任建设的影响程度与"管治者"角色的政策和行动各维度的相关显著性均在 0. 01 的水平下显著，说明管治者影响程度与"管治者"角色的政策和行动各维度均有显著性的正相关。从相关系数来看，相关系数均在 0. 4 ~ 0. 7，说明管治者影响程度与"管治者"角色的政策和行动各题项之间具有显著性的中度正相关关系。"管治者"角色的政策水平越高，政府"管治者"角色对以下不同类型中小企业"底线型"社会责任建设的影响程度也会越高。

（三）规制者量表的相关分析

从相关分析来看（见表 6 - 27），政府"规制者"角色对以下不同类型中小企业"底线型"社会责任建设的影响程度与"规制者"角色的政策和行动各维度的相关显著性均在 0. 01 的水平下显著，说明规制者影响程度与"规制者"角色的政策和行动各维度均有显著性的正相关。从相关系数来看，相关系数均在 0. 4 ~ 0. 7，说明规制者影响程度与"规制者"角色的政策和行动各题项之间具有显著性的中度正相关关系。"规制者"角色的政策水平越高，政府"规制者"角色对以下不同类型中小企业"底线型"社会责任建设的影响程度也会越高。

表 6 – 26 管治者角色战略的相关性

相关性							
管治者影响程度	B1.1	B1.2	B1.3	B1.4	B1.5	B1.6
管治者影响程度	1	0.537**	0.689**	0.644**	0.530**	0.451**	0.519**
B1.1	0.037	1	0.001	0.076	0.020	0.169*	0.079
B1.2	0.089	0.001	1	0.018	0.077	0.091	0.093
B1.3	0.244**	0.076	0.018	1	0.207*	0.042	0.053
B1.4	0.030	0.020	0.077	0.207*	1	0.153	0.118
B1.5	0.151	0.169*	0.091	-0.042	0.153	1	0.043
B1.6	0.119	0.079	0.093	0.053	0.118	0.043	1

注:"**"代表在0.01级别(双尾)相关性显著;"*"代表在0.05级别(双尾)相关性显著。

表 6 – 27 规制者角色战略的相关性

相关性								
规制者影响程度	C1.1	C1.2	C1.3	C1.4	C1.5	C1.6	C1.7	C1.8
规制者影响程度	1	0.472**	0.666**	0.573**	0.424**	0.621**	0.589**	0.695**	0.527**
C1.1	0.072	1	0.074	0.151	0.098	0.140	0.074	0.091	0.014
C1.2	0.066	0.074	1	0.028	0.041	0.095	0.099	0.033	0.052
C1.3	0.173*	0.151	0.028	1	0.033	0.044	0.178*	0.010	0.168*
C1.4	0.124	0.098	0.041	0.033	1	0.090	0.050	0.051	0.036
C1.5	0.121	0.140	0.095	0.044	0.090	1	0.095	0.034	0.385**
C1.6	0.189*	0.074	0.099	0.178*	0.050	0.095	1	0.072	0.017
C1.7	0.195*	0.091	0.033	0.010	0.051	0.034	0.072	1	0.075
C1.8	0.127	0.014	0.052	0.168*	0.036	0.385**	0.017	0.075	1

注:"*"代表在0.05级别(双尾)相关性显著;"**"代表在0.01级别(双尾)相关性显著。

(四)组织者量表的相关性分析

从相关分析来看(见表6–28),政府"组织者"角色对以下不同类型中小企业"底线型"社会责任建设的影响程度与"组织者"角色的政策和行动各维度的相关显著性均在0.01的水平下显著，说明组织者影响程度与"组织者"角色的政策和行动各维度均有显著性的正相关。从相关系数来看，相关系数均在0.4~0.7，说明组织者影响程度与"组织者"角色的政策和行动各题项之间具有显著性的中度正相关关系。"组织者"角色的政策水平越高，政府"组织者"角色对以下不同类型中小企业"底线型"社会责任建设的影响程度也会越高。

表6-28　组织者角色战略的相关性

相关性							
	组织者影响程度	D1.1	D1.2	D1.3	D1.4	D1.5	D1.6	D1.7
组织者影响程度	1	0.485**	0.546**	0.609**	0.410**	0.605**	0.404**	0.693**
D1.1	0.085	1	0.279**	0.212**	0.011	0.002	0.027	0.200*
D1.2	0.246**	0.279**	1	0.205*	0.137	0.080	0.121	0.076
D1.3	0.109	0.212**	0.205*	1	0.104	0.132	0.003	0.078
D1.4	0.010	0.011	0.137	0.104	1	0.020	0.024	0.110
D1.5	0.205*	0.002	0.080	0.132	0.020	1	0.258**	0.031
D1.6	0.204*	0.027	0.121	0.003	0.024	0.258**	1	0.027
D1.7	0.093	0.200*	0.076	0.078	0.110	0.031	0.027	1

注："＊＊"代表在0.01级别（双尾）相关性显著；"＊"代表在0.05级别（双尾）相关性显著。

第五节　实证结果汇总和讨论

上文的问卷调查主要围绕政府推进中小企业社会责任建设政策的强度、政府角色战略合作伙伴选择、中小企业社会责任建设能力和中小企业社会责任建设成本四个方面，对政府推进中小企业社会责任假设角色战略的影响因素提出了四组假设：政府执法者角色战略对应中小企业"底线型"社会责任建设，政府管治者角色对应中小企业对内部员工的社会责任建设，政府规制者角色对应中小企业绿色发展社会责任建设，政府组织者角色对应中小企业社会责任理念建设。根据实证分析结果，四组假设全部得到验证，下面对这些假设组合结果进行讨论。

一、实证检验结果汇总

根据上文的信度效度和结构方程验证性因素检验及中介效应检验结果，得出本书所提假设是否成立情况。根据检验结果，本书在理论假设构建中所提出的四组假设全部是成立的。假设结果汇总如表 6 – 29 所示。

表 6 – 29　假设检验通过的总体情况

假设编号	假设内容	是否成立
H1	政策颁布部门的权威性，与中小企业"底线型"企业社会责任建设正相关	成立
H2	地方政府首脑的重视程度，与中小企业"底线型"企业社会责任建设正相关	成立
H3	政府监督执法的协调程度，与中小企业"底线型"企业社会责任建设正相关	成立
H4	政府设立履责"黑名单"，与中小企业"底线型"企业社会责任建设正相关	成立
H5	履责违规的行政处罚力度，与中小企业"底线型"企业社会责任建设正相关	成立
H6	履责违规的经济处罚力度，与中小企业"底线型"企业社会责任建设正相关	成立
H7	对违规企业主的追责力度，与中小企业"底线型"企业社会责任建设正相关	成立
H8	履责违规投诉电话制度，与中小企业"底线型"企业社会责任建设正相关	成立
H9	政府与企业协商对内部员工的企业社会责任内容与标准，与中小企业对内部员工的企业社会责任建设正相关	成立
H10	政府与企业员工代表定期座谈沟通制度，与中小企业对内部员工的企业社会责任建设正相关	成立
H11	加强中小企业协会的中介作用，与中小企业对内部员工的企业社会责任建设正相关	成立
H12	政府与企业联合披露企业履责信息制度，与中小企业对内部员工的企业社会责任建设正相关	成立
H13	政府与企业发表共同承诺，与中小企业对内部员工的企业社会责任建设正相关	成立
H14	政府与企业进行企业社会责任项目合作，与中小企业对内部员工的企业社会责任建设正相关	成立
H15	政府设立中小企业绿色发展责任评奖机制，与中小企业的绿色发展社会责任建设正相关	成立
H16	政府加强对履责中小企业的财政补贴制度，与中小企业的绿色发展社会责任建设正相关	成立

假设编号	假设内容	是否成立
H17	政府加大排污、能源消费的收费力度，与中小企业的绿色发展社会责任建设正相关	成立
H18	政府和第三部门实行"责任采购"知足，与中小企业的绿色发展社会责任建设正相关	成立
H19	政府和第三部门自身对绿色发展社会责任的履行，与中小企业的绿色发展社会责任建设正相关	成立
H20	政府与社会部门（环保组织）合作建立中小企业绿色发展社会责任建设教育机制，与中小企业的绿色发展社会责任建设正相关	成立
H21	政府与银行合作对履责较好的中小企业提供融资优先优惠，与中小企业的绿色发展社会责任建设正相关	成立
H22	政府对履责较好的中小企业进行税收减免，与中小企业的绿色发展社会责任建设正相关	成立
H23	政府、企业和利益相关者三方的沟通与参与，与中小企业社会责任理念建设正相关	成立
H24	企业社会责任的基层社区宣传，与中小企业社会责任理念建设正相关	成立
H25	政府官方倡导责任消费运动，与中小企业社会责任理念建设正相关	成立
H26	政府倡导企业社会责任投资，与中小企业社会责任理念建设正相关	成立
H27	政府组织增进合作交流与国际接轨，与中小企业社会责任理念建设正相关	成立
H28	政府搭建企业社会责任公共交流信息平台，与中小企业社会责任理念建设正相关	成立
H29	政府引导慈善、环保组织与企业合作，与中小企业社会责任理念建设正相关	成立

二、实证检验结果分析

（一）关于政府执法者角色战略对中小企业"底线型"社会责任建设的影响

根据上文实证检验分析结果，假设 H1～H8 主要研究的是政府执法者角色评价因素对中小企业"底线型"社会责任的影响。通过因子分析，可以看出，企业社会责任政策颁布部门的权威程度对中小企业"底线型"社会责任建设的影响载荷为 0.555；地方政府首脑的重视程度对中小企业"底线型"社会责任建设的影响载荷为 0.697；政府部门执法的协调程度对中小企业"底线型"社会责任建设的影响载荷为 0.538；政府设置履责黑名单制度对中小企业"底线型"社会责任建设的影响载荷为 0.693；政府行政处罚力度对中小企业"底线型"社会责任建设的影响载荷为 0.586；政府经济处罚力度对中小企业"底线型"社会责任建设的影响载荷为 0.623；政府对违规履责企业主的追责力度对中小企业"底线型"社会责任建设的影响载荷为 0.561；违规履责举报电话制度对中小企业"底线型"社会责任建设的影响载荷为 0.56。

从以上结果可以看出，在政府以强制手段规范中小企业的"底线型"社会责任建设时，地方首脑的重视程度对中小企业履责行为影响最大，可以推测地方政府首脑挂帅中小企业"底线型"社会责任建设委员会，能够有效地推进中小企业的"底线型"社会责任建设。履责违规黑名单制度对中小企业的履责行为影响次之，这也说明中小企业履行社会责任的初衷是获取社会资本，而黑名单制度对社会资本的取得影响最大。经济处罚是中小企业考虑的第三大影响因素，这与中小企业普遍缺现金流的基本假设相一致。政府部门的协调执法和监督投诉电话制度对中小企业"底线型"社会责任建设的影响较弱，这可能是因为中小企业考虑到政府的一贯行政过程，认为政策实施过程存在偏差，如图 6 - 6 所示。

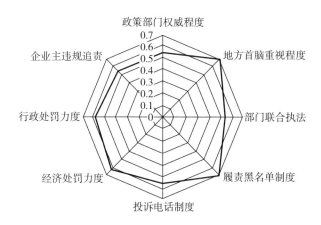

图 6 - 6　政府执法者角色战略各维度对中小企业"底线型"社会责任建设的影响

本书考察政府执法者角色战略对中小企业"底线型"社会责任建设不同层面的影响，包括依法纳税、保证消费者生命健康安全、保证生产环境质量、保证员工的法定基本权益。通过实证分析，政府执法者角色战略对中小企业依法纳税的影响为 0.565；对保证消费者生命健康安全的影响为 0.694；对保证生产环境质量的影响为 0.521；对保证员工的基本法定权益的影响为 0.692，如图 6 - 7 所示。

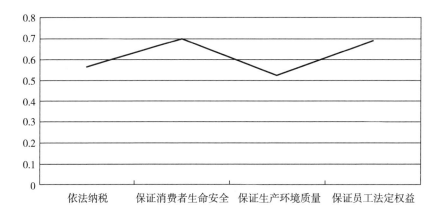

图 6 - 7 政府执法者角色战略对中小企业"底线型"社会责任建设不同方面的影响

通过相关性分析可以发现，政府执法者角色对中小企业"底线型"社会责任建设的影响与政府执法者角色各维度呈正相关关系，可以推论政府执法者角色战略履行得越好，即每个维度做得越到位，越能提升中小企业"底线型"社会责任建设水平。其中黑名单制度建设水平的提升对提升政府执法者角色战略的效果作用最大，正相关系数达到 0.618，其次是完善对违规中小企业主的追责制度，正相关系数为 0.615。

（二）关于政府管治者角色战略对中小企业内部员工社会责任建设的影响

根据上文实证检验分析结果，假设 H9 ~ H14 主要研究的是政府管治者角色评价因素对中小企业内部员工社会责任建设的影响。通过因子分析，可以看出，政府与企业协商对内部员工的企业社会责任内容与标准，对中小企业对内部员工的企业社会责任建设影响为 0.524；政府与企业员工代表定期座谈沟通，对中小企业对内部员工的企业社会责任建设影响为 0.623；加强中小企业协会的中介作用，对中小企业对内部员工的企业社会责任建设的影响为 0.666；政府与企业联合披露企业履责信息，对中小企业对内部员工的企业社会责任建设的影响为 0.526；政府与企业发表共同承诺，对中小企业对内部员工的企业社会责任建设影响为 0.566；政府与企业进行企业社会责任项目合作，对中小企业对内部员工的企业社会责任建设影响为 0.684。

从以上结果可以看出，在政府与企业协商合作规范中小企业对内部员工的社会责任建设时，政府与企业进行企业社会责任项目合作对中小企业履责行为影响最大，可以推测政府设立网站建立"中小企业员工之家"等社会责任项目，最能够有效地推进中小企业的"底线型"社会责任建设。政府与中小企业协会合作对中小企业的履责行为影响次之，这也说明中小企业履行对内部员工的社会责任需要参考整个行业对内部员工的社会责任建设标准，同时需要借助行业协会的集体影响力和资源整合能力与政府就企业社会责任建设问题与政府展开协商。政府与企业协商对内部员工的企业社会责任内容与标准对中小企业"底线型"社会责任建设的影响较弱，这可能是因为中小企业考虑到自身情况的差异性和一致标准的压力。如图6-8所示。

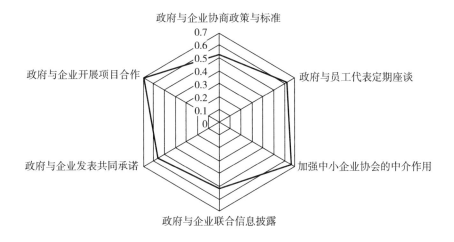

图6-8 政府管治者角色战略各维度对中小企业内部员工的社会责任建设影响

本书考察政府管治者角色战略对中小企业内部员工的社会责任建设不同层面的影响，包括员工培训，创新激励，民族平等就业，减少性别歧视，合理执行劳动合同，不以结婚、怀孕、产期等原因辞退女性，员工待遇与企业竞争力同步提升，采取必要的措施评估和防止职业健康安全风险，鼓励文化的多源和包容性。通过实证分析，政府管治者角色战略对以上中小企业内部员工社会责任建设各方面的影响依次为0.521、0.655、0.613、0.6、0.603、0.688、0.612、0.679、0.520。如图6-9所示。

通过相关性分析可以发现，政府管治者角色对中小企业内部员工的社会责任建设的影响与政府管治者角色各维度呈正相关关系，可以推论政府管治者角色战略执行得越好，即每个维度做得越到位，越能提升中小企业内部员工的社会责任建设水平。其中政府与企业员工座谈制度建设水平的提高对提升政府管治者角色战略的效果作用最大，正相关系数达到0.689，其次是发挥中小企业协会的中介作用，正相关系数为0.644。

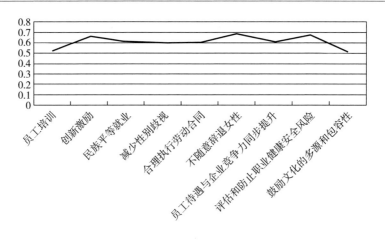

图6-9 政府管治者角色战略对中小企业内部员工社会责任建设各方面的影响

（三）关于政府规制者角色战略对中小企业的绿色发展社会责任建设的影响

根据上文实证检验分析结果，假设H15～H22主要研究的是政府规制者角色评价因素对中小企业绿色发展社会责任建设的影响。通过因子分析，可以看出，政府设立中小企业绿色发展责任评奖机制，对中小企业的绿色发展社会责任建设的影响为0.838；政府加强对履责中小企业的财政补贴，对中小企业的绿色发展社会责任建设的影响为0.677；政府加大排污、能源消费的收费力度，对中小企业的绿色发展社会责任建设的影响为0.545；政府和第三部门实行"责任采购"，对中小企业的绿色发展社会责任建设的影响为0.621；政府和第三部门自身对绿色发展社会责任的履行，对中小企业的绿色发展社会责任建设的影响为0.661；政府与社会部门（环保组织）合作建立中小企业绿色发展社会责任建设教育机制，对中小企业的绿色发展社会责任建设的影响为0.812；政府与银行合作对履责较好的中小企业提供融资优先优惠，对中小企业的绿色发展社会责任建设的影响为0.642；政府对履责较好的中小企业进行税收减免，对中小企业的绿色发展社会责任建设的影响为0.656。

从以上结果可以看出，在政府与社会部门合作促进中小企业绿色发展社会责任建设时，政府设立中小企业绿色发展责任评奖机制对中小企业履责行为影响最大，可以推测政府设立中小企业"绿色发展"责任奖等类似评奖机制最能够推进中小企业的绿色发展社会责任建设。政府与社会部门（环保组织）合作建立中小企业绿色发展社会责任建设教育机制对中小企业的履责行为影响次之，这也说明中小企业履行对绿色发展社会责任需要专业的技术支持，同时需要借助专业组织的影响力和评估水平对中小企业绿色发展社会责任建设进行评价和宣传。政府加大排污、能源消费的收费力度对中小企业绿色发展社会责任建设的影响较弱，这说明中小企业对排污收费价格不敏感。如图 6 - 10 所示。

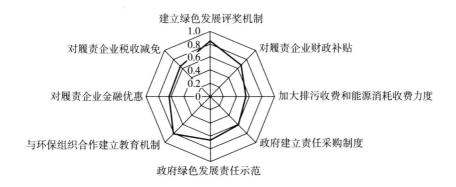

图 6 - 10　政府规制者角色对中小企业绿色发展社会责任建设的影响

本书考察政府规制者角色战略对中小企业绿色发展社会责任建设不同层面的影响，包括识别污染源并评价对环境影响，减少污染排放，改善工艺流程、技术、设备和管理体系等方法提高排放标准，确立环境改善目标并定期评审，提高资源能源使用效率，尝试无污染、无危害的替代技术和替代材料，提高可再生能源和清洁能源的利用比例，在产品设计和服务模式创新方面注重环境保护和资源节约。通过实证分析，政府规制者角色战略对以上中小企业绿色发展社会责任建设各方面的影响依次为 0.502、0.635、0.606、0.547、0.783、0.635、0.712、0.777。如图 6 - 11 所示。

通过相关性分析可以发现，政府规制者角色对中小企业绿色发展社会责任建设的影响与政府规制者角色各维度呈正相关关系，可以推论政府规制者角色战略执行得越好，即每个维度做得越到位，越能提升中小企业绿色发展社会责任建设水平。其中政府对履责企业的信贷优先优惠制度建设对提升政府规制者角色战略的效果作用最大，正相关系数达到 0.695，其次是政府财政补贴，正相关系数为 0.666。

（四）关于政府组织者角色战略对中小企业社会责任理念建设的影响

根据上文实证检验分析结果，假设 H23 ~ H29 主要研究的是政府组织者角色评价因素对中小企业社会责任理念建设的影响。通过因子分析，可以看出，政府、企业和利益相关者三方的沟通与参与机制建设，对中小企业社会责任理念建设的影响为 0.643；企业社会责任的基层社区宣传，对中小企业社会责任理念建设的影响为 0.716；政府官方倡导责任消费运动，对中小企业社会责任理念建设的影响为 0.677；政府倡导企业社会责任投资，对中小企业社会责任理念建设的影响为 0.504；政府组织增进合作交流与国际接轨，对中小企业社会责任理念建设的影响为 0.606；政府搭建企业社会责任公共交流信息平台，对中小企业社会责任理念建设的影响为 0.547；政府引导慈善、环保组织与企业合作，对中小企业社会责任理念建设的影响为 0.719。

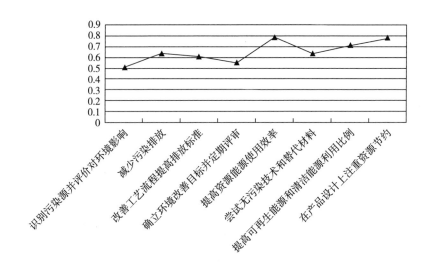

图 6 – 11　政府规制者角色战略对中小企业绿色发展社会责任建设各方面的影响

　　从以上结果可以看出，在政府与企业、社会部门合作促进中小企业社会责任理念建设时，政府鼓励中小企业与慈善组织、环保组织加强合作对中小企业社会责任建设理念提升影响最大，可以推测建立政府、企业和专业组织合作机制最能够提升中小企业社会责任理念建设水平。企业社会责任的基层社区宣传对中小企业社会责任理念提升影响次之，这也说明中小企业社会责任理念的形成离不开社区的支持。政府倡导企业社会责任投资对中小企业社会责任理念建设的影响较弱，目前社会潜在投资者的企业社会责任意识对中小企业影响较小，从侧面说明中小企业运营资金来源区别于大企业的独特性。如图 6 – 12 所示。

　　本书考察政府组织者角色战略对中小企业社会责任理念建设不同层面的影响，包括实施企业社会责任战略，公平、诚信成为经营理念，参与促进企业社会责任建设的行业性或区域性组织，提供具有竞争优势的价格，也不会降低产品和服务的标准，建立与采购、销售、招投标等业务环节的诚信准则，反对和杜绝商业贿赂，评价合作关系中潜在的社会责任影响，在采购决策和营销实践中兼顾社会责任，反对并不进行虚假、误导性广告宣传。通过实证分析，政府组织者角色战略对以上企业社会责任理念建设各方面的影响依次为 0.748、0.608、0.783、0.683、0.696、0.725、0.535、0.676、0.577。如图 6－13 所示。

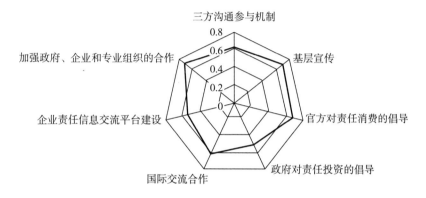

图 6－12　政府组织者角色战略对中小企业社会责任理念建设的影响

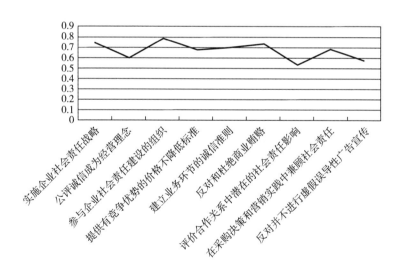

图 6－13　政府组织者角色对中小企业社会责任理念建设各方面的影响

通过相关性分析可以发现，政府组织者角色对中小企业社会责任理念建设的影响与政府组织者角色各维度呈正相关关系，可以推论政府组织者角色战略执行得越好，即每个维度做得越到位，就越更能提升中小企业社会责任理念建设水平。其中政府鼓励中小企业与慈善组织、环保组织建立合作机制对提升政府组织者角色战略的效果作用最大，正相关系数达到 0.693，其次是政府官方倡导责任消费，正相关系数为 0.666。

第七章 国外经验介绍与案例分析

美国政府推进中小企业社会责任建设的政策体系相对比较完善，地方政府对于促进中小企业履行不同类型的社会责任进行了角色定位。本章笔者通过自身在美国交流学习经历，对美国亚利桑那州政府推进中小企业履行社会责任建设的角色战略进行介绍，并通过对真实案例的分析研究亚利桑那州政府的角色战略。本章第一节首先介绍了美国中小企业社会责任建设的整体机制；第二节依次对亚利桑那州政府以执法者角色推进中小企业的"底线型"社会责任建设案例进行分析；通过"日托所"制度分析美国地方政府与中小企业协商不断提高企业对内部员工的社会责任水平；通过 SPROUTS 原生态健康超市案例分析政府推进中小企业绿色发展社会责任中的规制者角色；通过穷人/慈善商店（THRIFT STORE）分析政府推进中小企业社会责任理念建设中的组织者角色。

第一节 美国亚利桑那州推进中小企业 社会责任建设的基本模式

美国政府对待中小企业的企业社会责任建设问题与大型企业有明显差别。美国政府和公众关注的大企业的企业社会责任问题是妨碍自由竞争和实行产业垄断。针对这一问题，美国政府通过反垄断法将大型托拉斯企业拆分为规模不等的独立企业。通过立法对大型企业的资源受用、环境保护进行制约。在员工权益保护方面，工会发挥主要作用，与不道德雇佣行为进行斗争。大企业的企业社会责任建设日益完善，他们也愿意拿出部分资金，通过专业部门或基金会主动承担和履行社会责任。由于证券交易委员会的存在，他们会对上市企业的企业社会责任行为进行严格审查，客观上促进了企业的社会责任投资，规范大企业的企业社会责任建设行为。然而，针对中小企业，美国政府在推进企业社会责任管理和建设方面则是通过利益疏导的方式来不断完善政府的角色战略。

一、税收引导

通过税收引导中小企业履行企业社会责任是亚利桑那州政府的主要政策措施。中小企业的税费一般由三方面组成：经营所得税，经营场所的房产税①，员工的养老、医疗等保障基金。这些税费占据企业毛利润的20%～30%，政府通过制定一系列企业社会责任方面的减税措施，促进中小企业社会责任建设。其基本逻辑是政府税收的用途是增进辖区内公民的福祉，如果社区内的中小企业能够通过履行企业社会责任，例如雇佣老年员工、残疾人、贫困人口等需要政府帮扶的群体，解决他们的生活问题，相当于做了政府应该做的工作，减少政府开支，所以应该减少其税收。

二、环保补贴

在市场经济制度完善的美国，环境保护作为一项技术产品与普通商品一样，需要购买和使用。因此，中小企业进行环境保护或者资源节约是需要付出一定成本的，这一点得到政府的充分理解。亚利桑那州政府通过"双向补贴"或者通过税费减免间接补贴环保产品（技术）的采用者和生产者。例如，州内所有超市和餐厅使用的可回收循环利用的产品包装纸，政府会给予超市和包装纸生产者以补贴，鼓励其负责任的经营行为。补贴的资金来源除政府财政外，还包括对违规、不负责企业的处罚。

三、标准监督

美国地方政府对中小企业社会责任建设的奖励或处罚是建立在公平、公认的标准评价机制之上的。中小企业社会责任建设的监督来源于两个方面：一是美国食品药品管理局在每个州的分支机构；二是来自中小企业的自我评价和行业协会的监督。美国食品药品管理局所管理的项目众多，除对中小企业所经营的产品进行监督之外，还针对其生产环境、水源质量、安全措施等可能对消费者造成潜在威胁的项目进行检测。另外，地方行业协会也会对入会企业加强监督，因为行业

---

① 亚利桑那州政府规定中小企业所租用的经营场所需要缴纳房屋（土地）占地税。

协会的运营来自入会企业的捐款，行业协会帮助入会企业提升影响力和帮助，双方是相互支持的关系。

四、价格机制

亚利桑那州自然环境炎热且干燥，属于热带沙漠气候，水资源紧张，加之绿化难度较大，州政府对企业用水实施严格的价格管理机制。企业用水价格进行市场化管理，鼓励中小企业节约用水。另外，政府在垃圾处理方面实行市场定价，对没有分类的垃圾和分类后垃圾实行差异化定价，鼓励中小企业进行垃圾分类。

五、教育培训

亚利桑那州政府与亚利桑那州立大学开展合作，政府和学校通过环境保护和环保创新项目与当地企业协作，进行环境保护试验。同时组织校内专家针对环境保护理念和技术进行讲座。政府官员在选举和施政时在社会建设方面强调环境保护和绿色发展方式，对于工程进度和工程建设方式都特别强调减少对环境的污染和对周边居民的潜在影响。有趣的是，政府并不强调个人的生活方式，而是强调企业的社会责任，鼓励为公众提供负责任消费的机会。

第二节　亚利桑那州政府角色战略与中小企业社会责任建设案例

亚利桑那州政府在推进中小企业社会责任建设中，对于不同类型的企业社会责任执行不同的角色战略。其中，政府执法者角色的特点之一是建立评价标签与黑名单制度和无理由退货制度；政府管治者角色的特色之一是与企业协商协作完善企业"日托所"制度鼓励员工兼顾家庭与工作；政府规制者角色的特点之一是在社会范围内建立责任消费机制，形成企业绿色发展责任建设环境；政府组织者角色的特点之一是鼓励非政府组织与企业合作，促进中小企业社会责任理念建设的同时为企业带来竞争优势。

一、执法者角色战略与底线型企业社会责任建设

（一）经营环境评价标签制度

亚利桑那州政府与食品药品管理局对中小企业的生产经营环境进行定期评

估，将标准分为 A、B、C、D 四个等级，A 代表优秀，B 代表达标，C 表示警告，D 代表不合格。政府要求中小企业将此标签放在显著位置，供顾客进行参考。评级每星期进行一次，一个月内两次警告将面临停业处罚。公众对该评级都比较看重，作为消费的重要参考指标，所以环境评级较高的企业相应的产品价格较高一些。另外环境标签制度还与黑名单制度相连，对于长期整改不力的中小企业，政府会在税务部门发布企业黑名单，税收杠杆通过经济施压调节中小企业的企业社会责任行为。相对于经营环境标签制度，美国的公诉制度充分保障了公众的合法权益，对于损害公众生命健康权益的企业，公诉机构将提出强制诉讼，公诉机构的律师以诉讼成果收取相应比例费用，不会给消费者带来经济负担。

（二）无理由退货制度

对于中小企业的诚信建设，亚利桑那州政府规定消费者的无理由退货期为一到两个月（不同产品存在区别）。在一个月内，只要消费者保留购物收据，没有人为损坏商品，就可以"无理由"退货。政府规定，商家原则上不得追问退货理由。并且，服务类商品在售出之后，要追加一个月的"责任期"，再此期间，商家要负责该服务带来的相应结果。并且规定，网络购物如果消费者付款后在规定期限内没有收到货物，即使是因为物流原因，由商品出售者承担全责。无理由退货制度为导向，触发了中小企业一系列的诚信行为，包括保障商品质量、确保商品描述符合实际、满足消费者知情权、完善售后服务等，无理由退货制度也在美国企业之间形成竞争，成为企业履行责任的标准。例如，梅西百货（Macy's）的退货期为半年。

二、政府管治者角色战略与日托所制度

中小企业对内部员工的企业社会责任建设是企业素质的最好体现，通过履行对内部员工的社会责任，让更多的人参与企业社会责任建设，最终形成中小企业社会责任建设的良性循环。亚利桑那州政府在推进此类型的社会责任建设中与企业沟通协商，确立了内部员工企业社会责任建设的主要内容和重点是保证员工工作与家庭兼顾。在此基础上政府与企业员工代表定期座谈，了解员工诉求，最终确立了日托所制度。日托所是企业为员工建立的托儿所，加强员工与学龄前儿童的沟通和照顾，日托所一般建立在中小企业内部，由专门人员帮助员工照顾小孩儿。目的是免去员工在上班时对子女照顾的担忧，使工更好地完成工作。

日托所的建设是一项耗费资金的过程，有些中小企业由于节约资金，或者不能凑够一定数量的儿童（15 个）而无法为自己的员工建立日托所。此时，需要

政府出面管理和协助建设日托所。亚利桑那州政府通过将特定范围内的中小企业组成联合，共同出资建立日托所。同时政府对日托所所用场地提供税收减免，对参与日托所建设和使用的中小企业进行以资抵税政策。政府还会通过官方渠道对中小企业日托所进行宣传，招募专业志愿者充当日托所工作人员，减少费用支出。通过这种方式最终形成良性循环，企业履行了对内部员工的企业社会责任，政府提升了自身形象。

三、亚利桑那州政府规制者角色战略与农民联合超市

政府推动企业社会责任消费运动，通过宣传鼓励更多的消费者倾向于购买负责任企业的产品，为负责任的企业创造竞争优势，从而推进中小企业的绿色发展社会责任建设。政府规制者角色战略的核心是帮助履责企业创建竞争优势，让这些企业获得应得的发展机会。在美国，政府一般无权干涉消费者的个人选择权，也无法迫使消费者进行环境保护、资源节约的活动，政府唯一能做的就是提供企业社会责任消费、绿色生活的机会。亚利桑那州政府在所有的公交线路上都设置了自行车停放位置，包括公交车和地铁，以此为环境保护意识较强的公民提供便利。另外政府为执行绿色发展战略的企业提供支持和宣传，帮助企业发展，SPROUTS 农民联合超市就是一个很好的例子。

与沃尔玛、塔吉特和 COSCO 这些大型超市不同，SPROUTS 是以经营新鲜优质有机蔬菜和倡导健康、绿色生活的小型超市，总部位于凤凰城。SPROUTS 以绿色发展和履行企业社会责任为经营理念，实行农民联合管理。超市内所出售的食品经过精挑细选，保证食品的健康和环保。所售饮料、肉制品和每颗蔬菜都有SPROUTS 的专用标签，上面表示生产商的个人信息和联系方式，每个产品都经过检验和贴码，保证质量和信誉。所以，SPROUTS 出售的产品高于"USDC CHOICE"[①]，产品价格会高出沃尔玛 50% 甚至一倍。那么，像 SPROUTS 这种以绿色环保，公众健康为核心，价格又高的超市如何获得发展是一个难题。亚利桑那州政府通过金融信贷政策为 SPROUTS 提供高质量融资，增加企业现金流，同时政府加强与农民协会的合作，对供应 SPROUTS 的产品进行收税减免和退税。政府官方对 SPROUTS 履行企业的绿色发展社会责任进行了充分肯定，在当地成为履行企业社会责任保证公众饮食健康的典范。因此，成就了 SPROUTS 的业界形象——绿色、新鲜、有机、健康。在政府和企业的努力下，SPROUTS 得到了

---

① USDC CHOICE 是美国食品评价机构 USDC 制定的推荐商品，表明该商品质量较高，沃尔玛、塔吉特、COSCO 大型仓储型超市，比较经济实惠，很少售卖 USDC CHOICE 的商品。

当地民众的认可，企业日益发展壮大，并且以 SPROUTS 为品牌生产高质量营养品，将履行企业的绿色发展社会责任上升为独特的竞争优势，实现蓝海战略的升级。

四、亚利桑那州政府组织者角色战略与穷人商店

穷人商店也被称为慈善商店（Charity Store），是一种社会企业。他们出售由市民捐赠为主的商品，商店的销售和服务人员一般由志愿者组成，志愿者的工作包括接受捐赠品、清洗、包装、上架。由于出售物品免费获得，商店的运营成本低，除去房租和极少的运营成本外，商品以极低的价格出售，具体商品定价参考标准为当地税后基本月工资（1650～1800 美元）的固定比例。穷人商店的商品绝大部分为二手商品，还有一些属于企业捐赠，品类基本包含服装、餐具、基本家电、图书等方面，某些商店在固定的时期和假日出售食品。在这种运营模式下，穷人商店在支付完必要的运营费用后，将剩余所得全部用于既定的慈善项目。费用包括固定装置购买和贬值（服装架、书架、柜台等），运营成本（维修、市政服务费、电费、电话、有限的广告）和房屋租赁或抵押。

在美国，有些穷人商店并非一定是穷人购物的地方，亚利桑那州梅萨（Mesa）的穷人商店里面所销售的二手书籍和衣服深受低收入阶层的喜爱，其他产品的售价并不比沃尔玛低。在当地，去穷人商店购物更多地被当作是一种善举，变相地向社会捐款。在美国，去慈善商店购物代表的是节俭、环保的生活理念。例如，较为激进的环保主义者可能更喜欢买二手货，他们认为这实现了有限自然资源的循环利用。当地的环保小组会标榜自己的格言是"Old is always better"，他们号召成员减少不必要的新品消费来增加穷人商店二手商品的流通率。商品通常在当地社区募得，这种通过穷人商店重复使用二手商品的模式也在理论上减少了垃圾处理负担。

穷人商店的一种典型组织形式是由企业、社区和社会组织（包括宗教组织）联合组建，便于企业履行社会责任。亚利桑那州的每个慈善商店都会售卖一些全新的产品，如床垫、自行车、生活用品等。这是因为当地企业以较低的价格向商店提供了货品，甚至是向特定社区的商店捐赠了一批货品以履行企业社会责任。当地企业还会通过向特定商店提供绿色产品、环保产品、人道产品、动物保护型产品，以彰显企业独特的社会责任主张，例如乐施会商店会销售公平贸易食品和劳工保护企业的工艺品。慈善商店获得货源的渠道还包括当地企业生产的过剩商品，企业通过捐赠可以从税务层面注销此类商品，并且能够为企业带来良好的社

会声誉，可以实现企业社会责任行为的双赢。

　　总的来说，亚利桑那州政府推进中小企业社会责任建设的角色战略的落脚点在于建立以结果为导向的，以利益良性循环为主的政策机制。政府、企业、社会组织和社区之间充分信任并展开沟通，首先了解中小企业希望以什么样的形式来呈现其对社会责任的承诺。以此为出发点，政府考虑如何实现这一目标，即思考与中小企业、社会的合作方式。在合作方式确定之后，要落实实现这一目标所需的人力、财力、物力资源，做出总体预算。最后，确定资源整合方案，通过多元化途径找到资金支持，执行方案并对结果进行评估探索如何将中小企业在此过程中的成本降低。

第八章 结论、对策与未来研究展望

本章是对本书研究的总结和探讨。第一部分汇总了本书研究的实证结果；第二部分是在研究结果探讨的基础上，对未来我国政府中小企业社会责任建设提出了对策，最后是研究的不足之处的反思和对未来研究方向的展望。本书以我国政府中小企业社会责任建设为核心问题，探究适合我国政府特点的政策选择机制。梳理中小企业社会责任治理政策工具，提出政府的政策工具选择框架。在选择框架的基础上，结合以合作治理为核心思想的政府角色理论以推进企业社会责任的履行。本文通过分析得出我国政府在推进中小企业社会责任建设中的角色定位框架。进一步地，通过政府战略管理中的议题环境分析将我国中小企业社会责任划分为底线型的企业社会责任、对内部员工的企业社会责任、绿色发展的企业社会责任三种类型。本书统一将企业履行社会责任的意识、态度、意愿、方式等人为心理因素划归到企业社会责任理念建设类型。最后通过议题张力分析，将政府的角色与中小企业的社会责任建设类型对应起来，构建我国政府促进中小企业社会责任建设的角色战略，并进行了实证研究。本书通过实证调研和数据分析找到我国中小企业社会责任建设存在的问题和政府政策脱节的原因，以期对我国政府未来的中小企业社会责任治理提出建议。

第一节 研究结论

通过理论研究和实证调研，本书得出三个结论：第一，我国中小企业缺乏企业社会责任建设动力，原因是与西方国家相比，我国没有经历过企业社会责任建设的理论争锋和公共运动；第二，我国政府对中小企业履行企业社会责任的边界缺乏明确划分，没有考虑到中小企业的特点；第三，中小企业缺乏有效的企业社会责任管理模式，造成了企业社会责任行为混乱。

一、中小企业缺乏企业社会责任建设理念的根源

通过问卷调研，本书对 500 家中小企业的企业社会责任建设情况进行了摸底。发现将企业社会责任融入经营管理的仅占少数，只有 12% 的中小企业为企业社会责任建设设置了独立预算。通过对部分中小企业主的访谈，了解到他们对中小企业社会责任的了解是通过网络和新闻中的某些报道，更多的只是知道企业社会责任这一词语的用法，企业应该在一定范围内履行社会责任，但对企业社会责任的理念和定义一知半解。究其原因，我国企业缺乏企业社会责任理论争锋和运动的洗礼。欧美国家在社会责任理念建设方面经历了三个大阶段，第一个阶段被称为企业社会责任理念的个别研究阶段，这一阶段处于 20 世纪 20 年代到 60 年代。"社会责任"起源于美国，但是研究者认为英国学者谢尔顿（Oliver Sheldon，1923）于 1923 年首次正式提出①。随后，学术界展开了著名的伯利与多德之间的论战。多德认为，"商业企业作为一个经济组织，除了具有创造利润的功能外，还应该承担一定的社会服务功能"②。Bowen 在 1953 年出版 *Businessman's Social Responsibility* 一书中提出了现代的企业社会责任理念，强调商人"在订立企业规章制度、做出商业决策、执行商业行动时，需要考虑社会的目标和价值观的要求。"③ 20 世纪 60 年代开始，伯利与曼尼之间展开论战。"责任铁律"的提出者戴维斯（Keith Davis）谈到对社会责任的理解时表示"企业管理者在经营过程中还应考虑到技术和效益之外的东西"④。1963 年，McGuire 的 *Corporate and Society* 开创性地将企业社会责任理论定义为高于法律和经济义务的行为。从此将社会责任拓展至经济和法律之外的领域。⑤

从 20 世纪 20 年代到 70 年代西方国家经历了数次的企业社会责任论战，在社会上产生了深远影响，企业社会责任被人们所熟知。到了 20 世纪 80 年代，政

---

① Oliver Sheldon（1894—1951）于 1923 年出版了《管理哲学》一书，阐明了为什么工业管理必须承担社会责任的人性与社会双重根源，国内学界也将其名字译为谢尔登。

② Dodd, E M Jr. . For whom are corporate managers trustees［J］. Harvard Law Review, 1932, 45（7）：1145 - 1163. 转引自李伟阳，肖红军，郑若娟. 企业社会责任经典文献导读［M］. 北京：经济管理出版社，2011：25.

③ Bowen, H R. Social responsibility of the businessman［M］. New York：Harper, 1953：6.

④ Davis, K. Can business can afford to ignore social responsibility［J］. California Management Review, 1960（2）：70 - 76.

⑤ McGuire, J W. Business and Society［M］. New York：McGraw - Hill, 1963：144.

府开始介入企业社会责任建设领域。1971 年，美国经济发展委员会（US Committee for Economic Development）在 *Corporate Social Responsibility for Industrial and Commercial Enterprises* 报告提出了"三个同心圆"的企业社会责任理念模型[①]。这一理念模式明确界定了企业社会责任内容：经济责任为基础、尊重社会秩序为考量、促进社会多元进步是优秀。

进入 21 世纪，推动企业社会责任概念和行为不断前进的核心驱动角色转移到了国际组织。联合国（United Nations）与世界银行（World Bank）、欧盟、世界可持续发展工商理事会（World Business Council for Sustainable）、世界经济论坛（World Economic Forum）、国际员工组织（International Organization for Employees）、商务社会责任国际协会（Business for Social Responsibility）、国际标准化组织（International Organization for Standardization）等分别从不同切入点对企业社会责任做出阐述。欧盟作为企业社会责任建设的推动者，不断提升企业的社会责任和道德行为，在不同场合依次提出五个企业社会责任定义（理念），最终企业社会责任被解释为三项原则：自愿、消除影响、与利益相关方合作。

从国外企业社会责任建设近百年的经验中我国中小企业管理者和政府管理实践者应受到启发——必须从高层强化中小企业社会责任的宣传和示范效用。在企业履行社会责任的具体方式和方法上允许争论，形成百花齐放的态势。这样做的目的是为了能够促进全社会对企业社会责任的关注和理解。同时政府应提出针对我国国情的企业社会责任定义，并针对不同规模的企业提出明确的、可操作的企业社会责任建设准则。

二、政府需要对中小企业履行社会责任的边界进行界定

回顾已有的涉及中国中小企业社会责任的政策和研究文献，我们发现学界并未对中小企业履行社会责任的范围进行可操作性的划分，只是简单借鉴了大型企业履行社会责任的国际标准分类。在调研中，中小企业主反馈企业社会责任的缺失一部分的原因是不知道企业应该履行哪些责任，重点进行哪方面的企业社会责任建设，一拥而上地履行大而全的企业社会责任又不现实。

与此形成鲜明对比的是，国外学术领域对企业社会责任建设边界进行了深入研究。主流经济学界定企业社会责任的边界影响了一代又一代企业。简言之，该观点认为企业没有义务和必要履行社会责任，更进一步认为任何想要主动履行社

---

① 陈英，等. 企业社会责任理论与实践［M］. 北京：经济管理出版社，2009：11－12.

会责任的企业都是充满野心的，会对社会结构形成威胁。持有这种观点的专家学者不乏弗里德曼、哈耶克（Hayek）这种经济学巨擘①。与建立在完全理性假设之上的古典主义经济学家不同，管理学，同时也是社会学的代表性学者彼得·德鲁克（Peter F. Drucker）指出整个社会像一个满负荷运转的、结构复杂的机器，企业作为这一庞大机器上的零件，功能属性上就必须让这台机器及其运转更加良好②。因此，企业不能忘记自身的社会功能。换个角度，从整个社会的法律体系来看，任何法则都要为社会福利服务，个人利益也应服从于社会整体福利的提升原则。这就是企业功能理论所说的企业的"复杂属性"。我们不能将企业的生产、交易、社会这三个属性分割开来，也不能偏废企业的某种功能。

　　美国商业圆桌会议组织是一个以企业主利益为核心服务理念的集体组织。尽管如此，在企业道德问题日益紧迫的 20 世纪 80 年代，该组织终于出现松动。在一声明中，Business Roundtable 主席在民主表决后说："我们的企业不只追求私利，我们也提供公益服务。"③ 企业主是无法逃避社会舆论的谴责，公众责任消费意识的提高给企业敲响了警钟。企业不得不重新融入社会，履行一定的责任。这不再是某个企业家的道德和道义的施展，而是整个社会运转新秩序的到来。经济学的绝对理性和社会学的群体认知、群体理性结合起来可能会更好地说明企业的社会责任边界在哪里。企业的生产、交换对象是弱化于社会经济系统中的个人。个人的购买力当然不足以改变企业的行为模式，但个人的存在对他的家庭来说是不可或缺的，而家庭组成的社区对企业的影响就不止于被动消费。家庭和企业的关系是相互的，家庭分子进入企业生产环节完成企业的经济属性。家庭成员回到家中，企业的经济属性消失或转移，那么企业又回归于社会。企业的社会属性和经济属性是无法分割的。既然无法分割，企业还需要发展，如何摆脱履行繁杂义务的负担成为理论问题。迈克尔·波特（Michael E. Porter）将企业战略管理思想引入社会责任履行中，试图回答企业应履行哪些义务，以回应社会的需要，保证企业的合法性。④ 他们的做法简单来说就是化繁为简：社会责任等于处理社会问题，企业和利益相关者互动中面对哪些社会问题？我的实力能够处理哪些问题？我为什么要处理这些社会问题？得出最终答案：优化企业战略，获得竞争优势。

① 黄铁鹰，梁钧平．美国企业社会责任大辩论［J］．中国企业家，2007（5）．
② 彼得·德鲁克．管理的实践［M］．北京：机械工业出版社，2006．
③ 斯蒂芬·R．罗宾斯．管理学［M］黄卫伟，等译．北京：中国人民大学出版社，2007．
④ 迈克尔·波特．竞争优势［M］．北京：华夏出版社，2005．

从国外企业社会责任边界划分的经验来看，我国政府在推进中小企业社会责任建设的过程中应首先明确政府对中小企业在我国经济社会发展中的作用定位，这种定位应和其他国有企业、跨国集团和大型企业区分开来，这是政府界定中小企业社会责任建设边界的前提。有了这一前提，才能对中小企业社会责任理念、管理、结果评价进行政策引导。在本书研究之前，我国政府还没有将所有中小企业纳入社会责任建设的战略议程，也没有从政府功能角色视角对中小企业社会责任建设的边界进行划分，仅仅是在《中国中小企业社会责任指南》中对企业社会责任的类型进行了划分。然而，这种类型区分对中小企业来说只是横向坐标，如果没有纵向坐标为边界，就形成了无限域。从经验上看，空洞的劝说和运动式的整改无益于提升政府的可持续治理水平，也无法切实、有力地推动中小企业社会责任建设。

三、中小企业需要有效的社会责任管理模式

通过本书对中小企业主的调研和访谈，中小企业主普遍反映自身缺乏企业社会责任行为管理技能，或者无从下手从事企业社会责任管理。中小企业的社会责任管理模式是自己在摸索中不断形成的，缺乏标准和规范，所以政府难以从管理标准化方面推进中小企业社会责任建设。中小企业社会责任管理模式的形成是一个复杂的问题，不能单靠政府政策的引导，还要依靠中小企业自身寻找到合适的管理模式，以达到三方面的目的：一是形成企业社会责任建设绩效；二是响应政府政策；三是提升（不降低）企业经营业绩。

中小企业社会责任管理方式起源于企业主经营做大企业过程中个人素质的提升。这一阶段的社会责任行为以个人捐赠为主，属于企业主的道德觉醒阶段。在历史长河中企业主作为社会的一分子与其他有所作为的人士一样希望能够增强个人影响力和感召力。企业主的乐善好施，对下层民众的关怀将个人魅力放射到社区或更大范围，以获得宗教、心理上的慰藉。企业主将社会责任当作一种交易或者项目来管理。企业社会责任的行为效果和后果被特定受众所接受和评估。理论界将这种早期行为定性为个人行为，因为企业主履行社会责任带来的公益效果必定是有限的。这种管理方式充满了企业主的主观能动性，从个人需求出发进行社会责任管理，个人主义倾向掩盖了社会对社会责任的需求。社会回应式企业社会责任管理成为一种理念还要追溯到企业道德滑坡、造成社会严重问题的 20 世纪 60 年代和 70 年代。当企业生产的产品出现质量问题、对环境造成不可逆转的破坏，公众再次将企业推向风口浪尖。企业有两种选择，被动接受处罚和主动回应

舆论关切，为企业寻求下一次发展机会。企业主再次以身作则，将个人财富分给认为需要的人。此时出现一个问题，产品质量问题和环境破坏影响到的人数众多，如何保证利益分配成为人们关心的问题。这就需要企业设立一个专门机构管理这部分资金的使用，企业中的社会责任管理部门出现，将社会责任行为与企业主的个人意志割裂开来。这种管理方式作为企业对外部的回应，解决了公平和公开两个核心问题。除了慈善，企业还要想尽办法让消费者购买企业的产品和服务，就要考虑消费者的企业社会责任偏好。除了产品质量外，企业能够做的就是让消费者重新对企业道德充满信心。这种信息来自三方中立机构对企业的重新评估，由此社会责任评估进入公众视野。评估机构的报告最早是从企业的财务报表来评价企业对社会责任活动的投入程度，产生了基于财务价值的社会责任管理模式。财务价值和慈善法有关，慈善法将企业的慈善行为剔除在征税项目之外，作为税收减免的一种指标。企业履行社会责任就有机会提升财务报表的质量和盈利水平，吸引更多的投资者。投资者来自社会，西方发达国家经历了几次社会责任运动之后，投资者提高了对企业违规行为的警惕，将自身对社会责任管理的理解融入企业。由此以来，出于股东长远利益的考虑，企业社会责任战略管理随之产生。这种社会责任管理方式将企业的道德、负责任行为纳入竞争优势，开辟了企业责任竞争的蓝海战略。另外把企业财务绩效和经营绩效相结合，以合理的成本换取更广阔的市场空间。

以上分析说明社会责任管理模式具有一定的发展规律和传承性。我国中小企业社会责任管理水平的提升也必将经历几个特定的过程。中小企业主首当其冲，没有社会责任管理理念不是最紧要的问题，关键是在企业成长过程中实现自身素质的进一步提升。个人道德荣誉感的升华才能带来回馈消费者的意愿，有了意愿才会更进一步地考虑利益相关者的诉求。中小企业在满足公众诉求的过程中实现社会责任管理技术的提高，最终形成具有中国特色的中小企业社会责任管理模式。

第二节　对策与建议

本书从合作治理思想和政府战略管理思想中提炼出我国政府推进中小企业社会责任建设的角色战略，对政府角色战略进行了不同维度的刻画；在实证研究中，以应然的见解提出假设；在调查问卷中，以"如果……那么……"的实证逻辑，对中小企业主进行了调研。得出如下初步结论：政府的角色战略可以提升中小企业社会责任建设水平。

一、切实明确政府角色定位

政府的角色定位不是看起来那么简单，角色的建立需要处于支配地位的权威网络的认可，给予政府组织和部门相应的合法性。政府可以通过两种途径获得角色的合法性：一种是通过权威网络的批准和文件支持；另一种是将权威网络部分关键人物纳入战略管理小组（Strategic Management Group，SMG）。

第一种方式的关键环节在于下级政府在角色设计过程中必须考虑上级权威网络对本地区的宏观发展战略规划，明确自身在战略规划中的位置。明确位置之后是收集与本地区中小企业社会责任建设相关的需求信息。具体包括社区的支持程度、公众责任消费意识、投资者的责任投资偏好。这些信息汇总后，将社会舆论关键人物圈定为重点利益相关者。之后，政府可以选择与重点利益相关者合作，向上级权威网络施加影响，争取可行性项目。这些项目可以是中小企业社会责任宣传手册或宣传页、相关网站建设、开通官方微博等。这些活动是为政府角色造势，让该议题进入权威网络视野。接下来就是寻找契机，提醒权威网络关注本地中小企业社会责任建设的新情况。政府角色是触发议题的诱因，会给权威网络带来创新、传统、公平和生产力四种因素之间的张力。当权威网络有倾向于支持某级政府角色定位时，政府需要平衡创新和人力资源之间的张力。从操作层面上讲，在设立新部门和配置新员工的时候要将变革带来的反作用力降到最低，让大部分员工感到公平。保持传统中的有利部分或者提高工作效率，能够有效缓解这一张力。权威网络也可能考虑新的项目会影响到已有的工作进度，降低生产力。此时政府需要对基层员工进行劝说和游说，争取更多的一线工作人员的支持。经过数轮博弈，政府角色定位可能会得到上级权威网络的认可，认可的载体是一系列政策或者法律法规文件。

如果第一种方案遇到阻力，一般发生在政府与关键利益相关者的配合环节。那么政府需要采取第二种方式，将上级权威网络拉入SMG。实现这一目标的关键在于绩效评价。要将上级权威网络的绩效与政府角色定位推进中小企业社会责任建设绩效相结合。双赢的局面最能赢得权威网络的支持。对上级权威网络的关键人物进行劝说和游说，重点在于表明政府角色定位的立场和目标。如何可视化、数据化呈现政府角色战略推进中小企业社会责任建设的结果是核心问题。这也决定了权威网络中的关键人物支持与否。战略地图是一种很好地呈现企业社会责任建设结果的方式，一般包括战略目标和具体评价指标、评价主体。战略地图从框架上规定了 SMG 的权责分工。一定程度上保障了政府角色执行过程的独立性，也满足了权威网络对政府角色战略的知情需要和宏观掌控需要。SMG 可以更好地和关键利益相关者合作，如果时机成熟允许针对中小企业社会责任建设成立专业利益集团。不同利益集团的博弈可以帮助政府更科学地实施角色战略。

二、构建政府、企业、社会三方合作机制

政府角色战略的核心是合作治理，在推进中小企业社会责任建设中如何实现政府、企业和社会部门的合作是关键。本书认为，实现政府、企业和社会部门三者有效合作的关键是建立三方利益沟通机制，就企业社会责任建设方面构成利益共同体。第一，政府应在社会范围内施加影响，引导消费、投资、人力资源向企业社会责任建设较好的企业流动。为中小企业"开源"，解决中小企业履行社会责任的动力问题。第二，政府也可以从项目建设的角度出发，在中小企业的集聚地区推行社会责任项目，例如日托所和员工之家，将多个中小企业的资源集中起来，共同进行企业社会责任建设。第三，政府需要适时在社区范围内就中小企业社会责任建设问题进行沟通讨论。就社区关心的主要问题与企业开展沟通，企业可以在履行社会责任的过程中增加对社区的了解，获得社区的支持。第四，政府在加强与企业和社会合作过程中，应坚持互惠原则，将中小企业社会责任的履行与社区发展、企业绩效的提升联系起来。

三、建立市场机制降低中小企业履责成本

中小企业履行社会责任方面的缺乏除了企业自身的意识和能力问题外，最大的障碍在于成本。在调查研究中，中小企业认为其最大的阻碍在于企业现金流有限，预算较为紧张，无法应对履行企业社会责任带来的资金成本。总的来说，中小企业社会责任建设的成本包括公关成本、技术成本、采购成本和输出成本。公关成本是企业获得企业社会责任建设所需的关系成本，包括与政府、社区和公益组织建立合作关系。技术成本包括中小企业为节约资源能源更新环保生产技术所产生的成本。采购成本包括中小企业为了选择符合企业社会责任建设要求的原材料和相关产品，而放弃价格更低产品所产生的机会成本。输出成本包括中小企业直接出资建设或者捐赠等产生的成本。政府在推进中小企业社会责任建设过程中应尽量降低企业的履责成本，主要是建立市场机制，将企业成本转化为企业竞争

优势或抵充相关税费。政府可以通过责任采购，优先购买履责较好企业的产品；政策倾斜，优先与履责较好的企业签订项目合同；设立退出机制，将不履行社会责任的企业排除在公共合同之外，为中小企业履行社会责任构建良好的市场竞争环境。

第三节　未来研究展望

公共战略学是近年来兴起的一门新兴学科，政府角色理论在中小企业社会责任研究领域另辟蹊径，希望本书研究能够引起政府对推进中小企业社会责任建设的关注。本书只是政府角色战略研究的一个部分，今后有待于进行更深入的技术层面的研究探索。同时本书研究还有一些不足，需要在后续研究中进步和完善。

首先，本书提出的政府角色战略模型主要是围绕政府推进中小企业社会责任建设领域开展理论与实证分析。在此背景下，本书研究意识到对于整个国家层面的公共战略研究和对某个领域的政府战略研究是有区别的，企业社会责任建设作为实现社会可持续发展的一部分，在生态文明建设提出以来更加受到关注。如何将中小企业社会责任建设与生态文明建设相联系，探讨相互之间的关系，需要优化研究方法，进一步推进政府角色理论的完善。

其次，由于政府角色理论的开拓地是欧美发达国家，针对我国政府特点和国情，需要建立相应的本土化研究方法和体系。在研究过程中本书大量参考了我国政府的企业社会责任建设政策文本和已有的研究文献，对政府角色理论进行了本土化阐释。因此本书的研究方法带有探索性特征，在政府角色命名和中小企业社会责任建设类型划分方面参考了学科其他领域的研究范式，但还有待于后来的研究者不断丰富和完善。同时，在政府角色战略推进不同中小企业社会责任建设类型的分析上，还需要进一步深挖角色与动力形成的内在逻辑关系。

最后，本书在进行实地调研和问卷调查过程中发现我国中小企业主、管理者对企业社会责任的理解差距明显，对于相关政策也没有完全把握。虽然我们在问卷调查中对于相关专业名词和政策进行了书面解释，但从问卷的作答和回收情况看，效果不甚理想。在未来研究过程中，可以利用关键人物访谈和案例研究的方法对中小企业社会责任建设的具体方面进行深入研究。

参考文献

［1］白丽萍．解读我国中小企业社会责任的实现途径与法律规制［J］．学理论，2009（16）．

［2］彼得·德鲁克．管理的实践［M］．北京：机械工业出版社，2006．

［3］常宏建，张体勤，李国锋．项目利益相关者协调度测评研究［J］．南开管理评论，2014（1）．

［4］陈承，张俊瑞．中小企业社会责任的概念、维度及测量研究［J］．管理学报，2015（11）．

［5］陈宏辉．企业的利益相关者理论与实证研究［D］．杭州：浙江大学，2003．

［6］陈晖涛．我国中小企业社会责任探析——基于和谐社会的视角［J］．当代经济管理，2008（10）．

［7］陈英等．企业社会责任理论与实践［M］．北京：经济管理出版社，2009：11－12．

［8］程世宝．社会主义市场经济条件下的企业社会责任研究［D］．北京：中共中央党校，2010．

［9］邓泽宏，刘文波．基于员工视角的中小企业社会责任及差异比较研究［J］．国家行政学院学报，2013（4）．

［10］邓泽宏，叶苗．加强中小企业社会责任的外部促进机制探究［J］．江汉论坛，2010（7）．

［11］邓泽宏，杜拒．我国中部地区中小企业社会责任的现状与对策研究——基于对河南、湖北两地中小企业的调查［J］．湖北社会科学，2014（3）．

［12］邓泽宏，叶苗．加强中小企业社会责任的外部促进机制探究［J］．江汉论坛，2010（7）．

［13］邓泽宏，叶苗．中小企业政府支持政策的区域经验比较分析——以台浙粤为例［J］．武汉科技大学学报（社会科学版），2009（6）．

［14］邓子纲．汽车企业社会责任研究［D］．长沙：中南大学，2011．

［15］丁园．国际视角下的中小企业社会责任：理论与实践［J］．财会通讯，2010（8）．

［16］董军，陈绪新．从"理性经济人"走向"理性生态人"——企业环境责任的伦理分析［J］．现代管理科学，2012（1）．

［17］杜雪锋．国有企业快速扩张、企业绩效与社会责任［D］．成都：电子科技大学，2015．

［18］樊培栋．关于中小企业承担社会责任的理论和实证研究［J］．山西财经大学学报，2007（1）．

［19］樊纲，王小鲁，朱恒鹏．中国市场化指数［M］．北京：经济科学出版社，2010．

［20］冯巧根，冯圆．环境经营与民营企业社会责任路径的选择［J］．财会学习，2013（10）．

［21］高宝玉．人大代表建议扶持绿色物流企业［J］．中国道路运输，2013（4）．

［22］葛建平，雷涯邻．转型期中小企业社会责任的缺失［J］．企业改革与管理，2006（10）．

［23］郭毅，中国中小企业社会责任推行模式研究［J］．求索，2011（5）．

［24］海林．我国企业社会责任管理之探讨［J］．科学学与科学技术管理，2006（6）．

［25］韩融，韩晓东．我国企业社会责任的探究［J］．中国市场，2011（9）：85－89．

［26］胡美琴．全球化与我国中小企业绿色管理［J］．经济纵横，2007（1）．

［27］华琦．对中小企业社会责任缺失问题的分析［J］．中国乡镇企业，2010（3）．

［28］黄珺，周春娜．股权结构、管理层行为对环境信息披露影响的实证研究——来自沪市重污染行业的经验证据［J］．中国软科学，2012（1）．

［29］黄群慧，彭华岗，钟宏武，张蒽．中国100强企业社会责任发展状况评价［J］．中国工业经济，2009（10）．

［30］黄铁鹰，梁钧平．美国企业社会责任大辩论［J］．中国企业家，2007（5）．

［31］黄世贤．企业社会责任的经济学思考［J］．江西社会科学，2006（6）．

［32］黄文彦，郑若娟．西方企业社会责任理论研究进展——基于概念演进的视角［J］．国外社会科学，2006（2）．

［33］贾生华，郑海东．企业社会责任：从单一视角到协同视角［J］．浙江大学学报（人文社会科学版），2007（2）．

［34］蒋国红．试论我国中小企业社会责任承担中的政府责任［J］．湖北经济学院学报，2011（1）．

［35］康宁．我国中小企业社会责任履行状况：问题与对策——以沈阳市中小企业调查与统计分析为例［J］．经济师，2011（4）．

［36］康志玲．关于中小企业难以承担社会责任问题的对策思考［J］．中国商贸，2015（1）．

［37］孔令军．转型时期中国企业社会责任研究［D］．长春：吉林大学，2008.

［38］李华燊，吴家曦，李京文．浙江省中小企业社会责任调查报告［J］．管理世界，2011（9）．

［39］李怀祖．管理研究方法论（第2版）［M］．西安：西安交通大学出版社，2004.

［40］李健，徐世刚．破解中小企业难以承担社会责任问题的对策思路［J］．经济纵横，2013（7）．

［41］李森．大股东"隧道挖掘"及其监管研究［D］．济南：山东大学，2008.

［42］李伟阳，肖红军．企业全面社会责任管理的"三全"实施体系［J］．企业管理，2010（9）．

［43］李伟阳，肖红军．企业社会责任的逻辑［J］．中国工业经济，2011（10）：117－126.

［44］李伟阳，肖红军，王欣．社会责任国际标准ISO26000在中国的"合意性"研究［J］．经济管理，2011（9）．

［45］李鑫．中国上市公司过度投资行为研究［D］．济南：山东大学，2008.

［46］李艳华．中国企业社会责任研究［D］．广州：暨南大学，2006．

［47］李一楠．母子公司知识转移研究［D］．济南：山东大学，2009．

［48］李颖．从企业社会责任角度诠释中小企业的自主创新［J］．中国商界，2010（1）．

［49］黎友焕．论企业社会责任建设与构建和谐社会［J］．西北大学学报（哲学社会科学版），2006（5）．

［50］黎友焕．企业社会责任研究［D］．西安：西北大学，2007．

［51］李永平．社会和谐发展环境下企业社会责任的研究［D］．天津：天津财经大学，2013．

［52］李玉梅．推进中小企业社会责任履行的政府经验与创新［J］．科技创业，2011（5）．

［53］李正．企业社会责任信息披露研究［D］．厦门：厦门大学，2007．

［54］李钟植．中国乡镇企业的社会责任研究［D］．上海：华东师范大学，2007．

［55］林艳琴，王晓东．我国中小企业社会责任法律规制的路径选择刍议［J］．湖南大学学报（社会科学版），2015.5．

［56］刘芳雄，薛剑．论中小企业的社会责任——温州模式的启示［J］．江汉论坛，2009（11）．

［57］刘军．管理研究方法——原理与应用［M］．北京：中国人民大学出版社，2008：116 – 117．

［58］刘敏．外部压力、公司绩效与社会责任信息披露［D］．沈阳：辽宁大学，2012．

［59］刘玉焕，井润田，卢芳妹．混合社会组织合法性的获取：基于壹基金的案例研究［J］．中国软科学，2014（6）．

［60］刘玉焕，井润田．企业社会责任能提高财务绩效吗？——文献综述与理论框架［J］．外国经济与管理，2014（12）．

［61］刘玉焕．我国企业社会责任报告披露行为的驱动机制研究［D］．成都：电子科技大学，2014．

［62］龙文滨，宋献中．社会责任投入增进价值创造的路径与时点研究——一个理论分析［J］．会计研究，2013（12）．

［63］罗爱华．转型期中国企业社会责任研究［D］．武汉：武汉大学，2013．

［64］吕威，王亮．湖北省中小企业社会责任现状调查及对策研究［J］．科技创业，2009（2）．

［65］迈克尔·波特．竞争优势［M］．北京：华夏出版社，2005.

［66］买生，匡海波，张笑楠．基于科学发展观的企业社会责任评价模型及实证［J］．科研管理，2012（3）．

［67］麦影．企业社会责任对竞争优势影响的实证研究［D］．广州：暨南大学，2010.

［68］马克·莫尔．创造公共价值——政府战略管理［M］．北京：清华大学出版社，2003.

［69］毛清华，葛平平，马红梅．基于生命周期特征的中小企业社会责任承担模式与策略［J］．改革与战略，2011（6）．

［70］密尔顿·弗里德曼．还慈善事业一个清白［J］．中国企业家，2007（3）．

［71］睦文娟，谭劲松，张慧玉．企业社会责任行为中的战略管理视角理论综述［J］．管理学报，2012（3）．

［72］庞金勇．上市公司高管变更与公司治理关系研究［D］．济南：山东大学，2008.

［73］仇冬芳，徐丽敏．民营资本高管政治关系与企业社会责任绩效——来自中小企业板的数据［J］．软科学，2015（1）．

［74］沙彦飞．面向行动的中小企业社会责任模型［J］．经济导刊，2007（12）．

［75］沈洪涛，冯杰．舆论监督、政府监管与企业环境信息披露［J］．会计研究，2012（2）．

［76］沈洪涛，苏亮德．企业信息披露中的模仿行为研究——基于制度理论的分析［J］．南开管理评论，2012（3）．

［77］沈四宝．企业社会责任专论［M］．北京：北京大学出版社，2009.

［78］宋理升．上市公司信息披露透明度研究［D］．济南：山东大学，2009.

［79］苏哈布拉塔·博比·班纳吉．企业社会责任：经典观点与理念的冲突［M］．北京：经济管理出版社，2014.

［80］陶文杰，金占明．企业社会责任信息披露、媒体关注度与企业财务绩效关系研究［J］．管理学报，2012（8）．

［81］田虹，姜雨峰．网络媒体企业社会责任评价研究［J］．吉林大学社会科学学报，2014（1）．

［82］王寒．中国保险企业社会责任研究［D］．成都：西南财经大学，2010．

［83］王建华．中小企业社会责任：动因、困境、出路及保障［J］．广西社会科学，2012（10）．

［84］王俊韡．中国上市公司资本结构与公司价值研究［D］．济南：山东大学，2008．

［85］汪建新．企业社会责任研究［D］．天津：南开大学，2009．

［86］汪凤桂，戴朝旭．企业社会责任与企业声誉关系研究综述［J］．科技管理研究，2012（21）．

［87］王建华．中小企业社会责任：动因、困境、出路及保障［J］．广西社会科学，2012（10）：94－103．

［88］王建华，王玲珑．基于利益相关者理论的企业生态责任问题研究［J］．福建行政学院学报，2010（12）．

［89］王景峰，周鸿．内蒙古中小企业社会责任现状及对策研究［J］．中国管理信息化，2011（14）．

［90］王琦．基于利益相关者理论的企业社会责任实现机制研究［D］．哈尔滨：哈尔滨工业大学，2015．

［91］王倩倩．组织合法性视角下的企业自愿性社会责任信息披露研究［D］．沈阳：辽宁大学，2013．

［92］王敏，刘辉，王建琼．中小企业社会责任驱动力实证研究［J］．西南交通大学学报（社会科学版），2013（1）．

［93］王敏，肖红军，李伟阳．企业社会责任指标体系构建——目的、原则、依据和框架模型［J］．WTO经济导刊，2008（7）．

［94］王霞，徐晓东，王宸．公共压力、社会声誉、内部治理与企业环境信息披露——来自中国制造业上市公司的证据［J］．南开管理评论，2013（2）．

［95］王中林．对中小企业社会责任问题的思考［J］．商场现代化，2007（12）．

［96］吴娅雄．不同产品伤害危机情景中原有良好企业声誉的作用研究［D］．成都：西南交通大学，2014．

［97］刁宇凡．企业社会责任标准的形成机理研究——基于综合社会契约视

阈［J］．管理世界，2013（7）．

［98］肖功为．基于生命周期理论的中小企业社会责任战略模式选择［J］．邵阳学院学报，2012（11）．

［99］肖红军．"十三五"完善 CSR 推进机制的八大建议［J］．WTO 经济导刊，2015（11）．

［100］辛杰．利益相关者视角下的企业社会责任研究——以山东省 1400 家企业问卷调查为例［J］．山东大学学报（哲学社会科学版），2009（1）．

［101］辛杰．企业社会责任驱动因素研究——以山东省 2200 家企业调查为例［J］．预测，2008（6）．

［102］辛杰．企业社会责任价值观研究——以山东省 2200 家企业调查为例［J］．华东经济管理，2008（11）．

［103］辛杰．基于利益相关者的企业社会责任指标与表现评价［J］．山东社会科学，2008（11）．

［104］辛杰，徐向艺，张绪柱，张晓峰．SA8000 视角下的企业社会责任构建——以山东省四城市纺织企业问卷调查为例［J］．山东社会科学，2007（11）．

［105］辛杰．企业社会责任研究：一个新的理论框架与实证分析［M］．北京：经济科学出版社，2010．

［106］辛杰．企业文化对企业社会责任的影响：领导风格与高管团队行为整合的作用［J］．上海财经大学学报，2014（12）．

［107］辛杰．基于正式制度与非正式制度协同的企业社会责任型构［J］．山东大学学报（哲学社会科学版），2013（4）．

［108］向明，杨宏武．对我国中小企业参与社会责任管理体系的思考［J］．长春理工大学学报（高教版），2007（2）．

［109］徐茉，赵毅．中小企业 CSR 之路［J］．WTO 经济导刊，2008（4）．

［110］徐泽水．直觉模糊信息集成理论及应用［M］．北京：科学出版社，2008．

［111］徐英吉．基于技术创新与制度创新协同的企业持续成长研究［D］．济南：山东大学，2008．

［112］闫书丽，刘思峰，朱建军，方志耕，刘健．基于熵测度的三参数区间数信息下的 TOPSIS 决策方法［J］．中国管理科学，2013（6）．

［113］颜毓洁，任佳保．试论我国中小企业社会责任的界定与实现［J］．

特区经济，2009（4）．

［114］杨春方．中小企业社会责任的评价模式及其影响测度［J］．改革，2013（10）．

［115］杨春方．中小企业社会责任缺失的非道德解读——资源基础与背景依赖的视角［J］．江西财经大学学报，2015（1）．

［116］杨文．社会问题解决导向的企业志愿者项目研究：行动动机，战略实施与受助者获益［D］．武汉：华中科技大学，2013．

［117］姚玉龙．甘肃中小企业社会责任分析［J］．集体经济，2010（7）．

［118］尹珏林．企业社会责任前置因素及其作用机制研究［D］．济南：南开大学，2010．

［119］易开刚．企业社会责任管理新理念：从社会责任到社会资本［J］．经济理论与经济管理，2007（11）．

［120］余晓梓．关于中小企业社会责任的调查报告［J］．中国商场现代化，2010（6）．

［121］张川，娄祝坤，詹丹碧．政治关联、财务绩效与企业社会责任——来自中国化工行业上市公司的证据［J］．管理评论，2014（1）．

［122］郑海东．企业社会责任行为表现：测量维度、影响因素及对企业绩效的影响［D］．杭州：浙江大学，2007．

［123］张慧玉，尹珏林．企业社会责任前移：小企业和新创企业的社会角色［J］．科学学与科学技术管理，2011（7）．

［124］张坤．企业社会责任实现机制研究［D］．长沙：中南大学，2013．

［125］张建君．竞争—承诺—服从：中国企业慈善捐款的动机［J］．管理世界，2013（9）．

［126］张良．投资者对企业社会责任行为的反应研究［D］．哈尔滨：哈尔滨工业大学，2014．

［127］张明．入世后中国企业社会责任研究［D］．上海：复旦大学，2007．

［128］张庆一．中小企业履行社会责任的优势及其社会效应［J］．现代财经，2008（1）．

［129］张晓峰．基于权力视角下的公司治理研究［D］．济南：山东大学，2008．

［130］张绪柱．基于流程优化的企业组织设计研究［D］．济南：山东大学，2011．

［131］张兆国，靳小翠，李庚秦．企业社会责任与财务绩效之间交互跨期影响实证研究［J］．会计研究，2013（8）．

［132］张兆国，梁志钢，尹开国．利益相关者视角下企业社会责任问题研究［J］．中国软科学，2012（2）．

［133］张志波．中国上市公司经理人行为研究［D］．济南：山东大学，2009.

［134］赵丰年．企业社会责任的宏观经济动因与促进策略研究［D］．北京：北京邮电大学，2008.

［135］赵金阳．基于博弈模型的中小企业社会责任问题分析［J］．黑龙江社会科学，2009（4）．

［136］赵越春，王怀明．食品企业社会责任表现与消费者响应——基于江苏消费者的问卷调查［J］．福建论坛（人文社会科学版），2013（7）．

［137］郑海东．企业社会责任行为表现：测量维度、影响因素及对企业绩效的影响［D］．杭州：浙江大学，2007.

［138］钟宏武．企业捐赠作用的综合解析［J］．中国工业经济，2007（2）．

［139］钟宏武，许英杰．商业企业社会责任现状分析［J］．北京工商大学学报（社会科学版），2011（1）．

［140］钟宏武，张唐槟．政府推进企业社会责任的角色定位［J］．人民论坛，2010（1）．

［141］周翼翔，钱晨．转型期我国中小企业社会责任的驱动因素研究［J］．铜陵学院学报，2012（6）：78－86.

［142］Aonson S A，Revees J. The European Response to Public Demands for Global Corporate Responsibility［J］. National Policy Association，2002（2）：153－169.

［143］Aonson S A，Revees J. Corporate Responsibility in the Global Village：The Role of Public Policy［J］. National Policy Association，2002（7）：309－338.

［144］Albareda L，Lozano JM，Ysa T. Corporate Responsibility：The Role of Governments in Fostering CSR［M］. New York：Palgrave Macmillan，2006.

［145］Albareda L，Lozano M，Ysa T. Public Policies on Corporate Social Responsibility：The Role of Governments in Europe［J］. Journal of Business Ethics，2007（74）：391－407.

［146］ Albareda L, Lozano J M, Tencati A, Midttun A, Perrini F. The changing role of governments in corporate social responsibility: Drivers and responses ［J］. Business Ethics: A European Review, 2008 (17): 347 – 363.

［147］ Andrikopoulos A, Kriklani N. Environmental Disclosure and Financial Characteristics of the Firm: The Case of Denmark［J］. Corporate Social Responsibility & Environmental, 2012 (2): 55 – 66.

［148］ Atkinson. A Charter of Rights and Responsibilities: Who decides? ［N］. Queensland Parliament House, 2000: 385 – 408.

［149］ Auger P, Burke P, Devinney T. M and Louviere J. J. What Will Consumers Pay for Social Product Features? ［J］. Journal of Business Ethics, 2003 (3): 281 – 304.

［150］ Becker – Olsen K L, Cudmore B A, Hill R P. The impact of perceived corporate social responsibility on consumer behavior ［J］. Journal of Business Research, 2006 (1): 46 – 53.

［151］ Behrman, J R. The Reward for Good Timing: Cohort Effects and Earnings Functions for Brazilian Males ［J］. The Review of Economics and Statistics, 1988 (7): 129 – 136.

［152］ Borga F, Citterio A, Noci G. Sustainability Report in Small Enterprises: Case Studies in Italian Furniture Companies ［J］. Business Strategy and the Environment, 2009 (3): 162 – 176.

［153］ Bowen, H R. Social responsibility of businessman ［M］. New York: Harper, 1953.

［154］ Bradford J, Fraser E D G. Local authorities, climate change and small and medium enterprises: identifying effective policy instruments to reduce energy use and carbon emissions ［J］. Corporate Social Responsibility and Environment Management, 2008 (3): 156 – 172.

［155］ Brown T J, Dacin P A. The company and the Product: Company Associations and Corporate Consumer Product Responses ［J］. Journal of Marketing, 1997 (4): 68 – 84.

［156］ Carrigan M, Attalla A. The myth of the ethical consumer – do ethics matter in purchase behavior? ［J］. Journal of Consumer Marketing, 2001 (7): 560 – 577.

［157］ Carroll A B. Business and Society: Ethics and Stakeholder Management ［M］. Cincinnati: South Western, 1989.

［158］ Carroll A B. The Pyramid of Corporate Social Responsibility: Toward the Moral Management of Organizational Stakeholders ［J］. Business Horizons, 1991 (4): 39 – 48.

［159］ Casado – Díaz A B, Juan L N, Ruiz – Moreno F. Industry – specific Effect of CSR Initiatives: Hotels and Airlines ［J］. Kybernetes the International Journal of Systems and Cybermetics, 2014 (3): 547 – 564.

［160］ Marquis C, Qian C. Corporate Social Responsibility Reporting in China: Symbol or Substance? ［J］. Organization Science, 2014 (1): 127 – 148.

［161］ Clarkson, M B E. The Corporation and its Stakeholders: Classic and Contemporary Readings ［M］. Toronto: University of Toronto Press, 1998.

［162］ Costanza R. A general accounting framework for ecological systems: A functional taxonomy for connectivist ecology ［J］. Theoretical Population Biology, 1991 (9): 78 – 104.

［163］ Cowen S S, Ferreri L B, Parker L. D. The impact of corporate characteristics on social responsibility disclosure: A typology and frequency – based analysis ［J］. Accounting, Organizations and Society, 1987 (2): 111 – 122.

［164］ Crane A, Matten D. Business Ethics: A European Perspective: Managing Corporate Citizenship and Sustainability in the Age of Globalization ［M］. Oxford: Oxford University Press, 2004.

［165］ Creyer E H. The Influence of Firm Behavior on Purchase Intention: Do Consumers Really Care about Business Ethics ［J］. Journal of Consumer Marketing, 1997 (6): 421 – 432.

［166］ Dam L, Scholtens B. Ownership Concentration and CSR Policy of European Multinational Enterprises ［J］. Journal of Business Ethics, 2012 (12): 117 – 126.

［167］ Davis K. Can business can afford to ignore social responsibility ［J］. California Management Review, 1960 (3): 70 – 76.

［168］ DiMaggio P J, Powell M W. The Iron Cage Revisited: Institutional Isomorphism and Collective Rationality in Organizational Fields ［J］. American Sociological Review, 1983 (2): 82 – 96.

［169］Dodd E M Jr. For whom are corporate managers trustees ［J］. Harvard Law Review, 1932, 45（7）: 1145 – 1163.

［170］DTI. Corporate Social Responsibility – A Draft International Strategic Framework ［M］. London: Department of Trade and Industry, 2003.

［171］Dobson I. Initial review of methods for cascading failure analysis in electric power transmission systems ［C］. General Meeting of the IEEE – POWER – AND – ENERGY – SOCIETY, 2008.

［172］Donaldson T, Dunfee T M. When Ethics Travel: The Promise and Peril of Global Business Ethics ［J］. California Management Review, 1999（7）: 45 – 63.

［173］Elkington J. Measuring Business Excellence ［J］. Government and Opposition, 2002（1）: 385 – 408.

［174］Elkington J. Partnerships from cannibals with forks: The triple bottom line of 21st – century business ［M］. Capstone: Oxford Press, 1997.

［175］Esping – Andersen, G. A Welfare State for the 21st Century ［R］. Lisbon: the EU Portuguese Presidency, 2000.

［176］European Commission. Green Paper: Promoting a European Framework for Corporate Social Responsibility ［M］. Brussels: Commission of The European Communities, 2001.

［177］European Commission. Corporate Social Responsibility: A Business Contribution to Sustainable Development ［J］. Employment & Social Affairs, 2003（1）: 15 – 26.

［178］European Commission. Implementing the Partnership for Growth and Jobs: Making European a Pole of Excellence on Corporate Social Responsibility ［N］. https: //ec. europa. eu/commission/presscorner/detail/en/SPEECH_06_37, 2006.

［179］European Commission. Integrated Product Policy: Building on Environmental Life – Cycle – Thinking ［N］. http: //eurlex. europa. eu/LexUriServ/LexUriServ. do? uri = COM: 2004: 0302: FIN: en: PDF, 2004.

［180］European Council. Presidency Conclusions of the European Council Brussels ［N］. http: //www. consilium. europa. eu/uedocs/cms_data/docs/pressdata/en/ec/84335. pdf, 2005.

［181］European Council. Renewed EU Sustainable Development Strategy ［N］. http: //ec. europa. eu/sustainable/docs/renewed_eu_sds_en. pdf, 2006.

［182］ Fifka M. S. Corporate Responsibility Reporting and its Determinants in Comparative Perspective—A Review of the Empirical Literature and a Meta – analysis ［J］. Business Strategy and the Environment, 2011 (1): 1 –35.

［183］ Frederick W C. Corporation, Be Good! The Story of Corporate Social Responsibility ［M］. Indianapolis: Dog Ear Publishing, 2006.

［184］ Freeman R E. Stakeholder Theory of The Modern Corporation—The Corporation and its Stakeholders: Classic and Contemporary Readings ［M］. Toronto: University of Toronto Press, 1998: 125 –138.

［185］ Freeman R E. Divergent stakeholder theory ［J］. The Academy of Management Journal, 1999 (7): 233 –236.

［186］ Freeman R E, Reed, D. L. Stockholders and Stakeholders: A New Perspective on Corporate Governance ［J］. California Management Review, 1983 (4): 88 –106.

［187］ Friedman A L, Miles S. SMEs and the Environment: Evaluating Dissemination Routes and Handholding Levels ［J］. Business Strategy and the Environment, 2002 (9): 324 –341.

［188］ Friedman M. The social responsibility of business is to increase its profits ［J］. The New York Times Magazine, 1970 (9): 173 –183.

［189］ Hahn H, Kühnen M. Determinants of Sustainability Reporting: A Review of Results, Trends, Theory, and Opportunities in an Expanding Field of Research ［J］. Journal of Cleaner Production, 2013 (59): 5 –21.

［190］ Howard B, Ward H, Fox T. Public sector roles in strengthening corporate social responsibility: a baseline study ［J］. A World Bank Country Study, 2005 (1): 58 –67.

［191］ Georgeta Vintila, Maricica Moscalu. Aspects Regarding the Development and the Integration of the Corporate Social Responsibility Concept in Firms' Behaviour. Particularities for Small and Medium – sized Enterprises ［J］. Theoretical and Applied Economics, 2009 (7): 53 –62.

［192］ Giddens A. The Constitution of Society ［M］. Berkeley: University of California Press, 1984.

［193］ Grayson D. Inspiration—Successfully engaging Europe's Smaller Businesses in Environmental and Social Issues ［R］. The Copenhagen Centre, Copenhagen,

Denmark, 2003.

［194］ Greve C. Public – private Partnerships in Scandinavia ［J］. International Public Management Review, 2003, 4（2）: 59 – 68.

［195］ Guarini E, Nidasio C. CSR Role in Public – Private Partnerships: Models of Governance ［J］. Social Science Electronic Publishing, 2014（1）: 16 – 28.

［196］ Jo H, Harjoto M A. The Causal Effect of Corporate Governance on Corporate Social Responsibility ［J］. Journal of Business Ethics, 2012（10）: 53 – 72.

［197］ Handelman, Jay M, and Stephen J Amold. The Role of Marketing Actions with a Social Dimension: Appeals to the Institutional Environment ［J］. Journal of Marketing, 1999（7）: 164 – 178.

［198］ Haufler V. A Public Role for the Private Sector: Industry Self – Regulation in a Global Economy ［M］. Washington: Brookings Institution, 2001.

［199］ Hans – Jrg S, Andrea W, Silvana S. How Do European SME Owner – Managers Make Sense of "Stakeholder Management": Insights from a Cross – National Study ［J］. Journal of Business Ethics, 2012（9）: 39 – 51.

［200］ ISMAIL M. Corporate Social Responsibility and Its Role In Cummunity Development: An International Perspective ［J］. The Journal of International Social Research, 2009（9）: 201 – 210.

［201］ Howard E. Aldrich. Organizations and Environments ［J］. Academy of Management Review, 1979（1）: 147 – 158.

［202］ Howlett M, Ramesh M. Patterns of Policy Choice ［J］. Policy Studies Review, 1993（12）: 3 – 24.

［203］ James M, Katharine N, Joachim S. Developing a framework for sustainability governance in the European Union ［J］. International Journal of Sustainable Development, 2005（7）: 3 – 11.

［204］ Jiatao Li, Cuili Qian. Principal – principal conflicts under weak institutions: A study of corporate takeovers in China ［J］. Strategic Management Journal, 2014（4）: 498 – 508.

［205］ Kang J. The Relationship Between Corporate Diversification and Corporate Social Performance ［J］. Strategic Management Journal, 2012（7）: 94 – 109.

［206］ Joseph E. A New Business Agenda for Government ［M］. London: Institute for Public Policy Research, 2003.

[207] Kaptein M, Rob V, T. Toward Effective Stakeholder Dialogue [J] . Business and Society Review, 2003 (6): 203 - 224.

[208] Ken T. Trotman, Graham W. Bradley. Associations between social responsibility disclosure and characteristics of companies [J] . Accounting Organizations and Society, 1981 (7): 355 - 362.

[209] Kjaergaard C, Westphalen S. From Collective Bargaining to Social Partnerships: NewRoles of the Social Partners in Europe [M] . Copenhagen: The Copenhagen Centre, 2001.

[210] Knill C, Lehmkuhl D. The national impact of European Union regulatory policy: Three Europeanization mechanisms [J] . European Journal of Political Research, 2002 (3): 255 - 280.

[211] Kojima K, Choe J, Ohtomo T, Tsujinaka Y. The Corporatist System and Social Organizations in China [J] . Management and Organization Review, 2012 (11): 609 - 628.

[212] Lee S - Y. Drivers for the participation of small and medium - sized suppliers in green supply chain initiatives [J] . Supply Chain Management: An International Journal, 2008 (3): 185 - 198.

[213] Lepoutre J. , N Dentchev, A Heene. On the Role of the Government in the Corporate Social Responsibility Debate [C] . Paper presented at the 3rd Annual Colloquium of the European Academy of Business in Society, Ghent, 2004.

[214] Lozano J M, L Albareda, T Ysa, H Roscher, M Marcuccio. Governments and Corporate Social Responsibility. Public Policies beyond Regulation and Voluntary Compliance [M] . London: Palgrave MacMillan, 2007.

[215] Lozano, J M, Albareda L, Ysa T. Governments and Corporate Social Responsibility: Public Policies Beyond Regulation and Voluntary Compliance [M] . New York: Palgrave, 2008.

[216] Luetkenhorst W. Corporate social responsibility and the development agenda: the case for actively involving small and medium enterprises [J] . Intereconomics, 2004 (3): 157 - 166.

[217] Luken R, Stares R. Small business responsibility in developing countries: a threat or an opportunity? [J] . Business Strategy and the Environment, 2005 (14): 1, 38 - 53.

［218］Meijer M M. Corporate Social Performance as a Bottom Line for Consumers ［J］. Businessand Society, 2005 (6).

［219］Matten C J, Moon. A Conceptual Framework for Understanding CSR, in A. Habisch, J. Jonker, M. Wegner and R. Schmidpeter (eds.), Corporate Social Responsibility Across Europe ［M］. Berlin: Springer, 2005.

［220］McGuire J W. Business and Society ［M］. New York: McGraw - Hill, 1963.

［221］Mette Morsing and Francesco Perrini. CSR in SMEs: do SMEs matter for the CSR agenda ［J］. Business Ethics, 2009 (1): 1 - 6.

［222］Midttun A. Realigning business, government and civil society ［J］. Corporate Governance: The International Journal of Business in Society, 2005 (5): 159 - 174.

［223］Mir D F. Environmental behaviour in Chicago automotive repair micro - enterprises ［J］. Business Strategy and the Environment, 2008 (3): 194 - 207.

［224］Mir D F, Feitelson E. Factors affecting environmental behavior in micro - enterprises: laundry and motor vehicle repair firms in Jerusalem ［J］. International Small Business Journal, 2007 (4): 383 - 415.

［225］Mitchell R K, Agle B R, Wood D J. Toward a Theory of Stakeholder Identification and Salience: Defining the Principle of Who and What Really Counts ［J］. The Academy of Management Journal, 1997 (9): 853 - 886.

［226］McGuire J, Sundgren A, Schneeweis T. Corporate Social Responsibility and Firm Financial Performance ［J］. The Academy of Management Journal, 1988 (12): 854 - 870.

［227］Maxfield S. Linking business gender and diversity practices with corporate citizenship: implications for Latin America ［J］. Latin American Journal of Administration, 2007 (8): 67 - 80.

［228］Mendoza X. The reform of public sector in developed society: from welfare state to related state ［J］. Journal of Business Ethics, 2005 (10): 77 - 82.

［229］Midttun A. Realigning business, government and civil society: the CSR model compared to the (neo) liberal and welfare state models ［R］. Paper presented at the 3rd Colloquium of the European Academy of Business in Society, Ghent, 2004.

［230］Moon J. Corporate Social Responsibility Failures in the Oil Industry - Edited by Charles Woolfson and Matthias Beck [J]. Corporate Governance: An International Review, 2007 (5): 493 – 493.

[231] Moon J. Government as a Driver of Corporate Social Responsibility [J]. Journal of Business Ethics, 2006 (7): 568 – 579.

[232] Moon J. The contribution of corporate social responsibility to sustainable development [J]. Sustainable Development, 2007 (6): 296 – 306.

[233] Moon J, Shen X. CSR in China Research: Salience, Focus and Nature [J]. Journal of Business Ethics, 2010 (6): 613 – 629.

[234] Moore, C and JJ Richardson in association with J Moon. Local Partnership and the Unemployment Crisis in Britain [M]. London: Allen and Unwin, 1989.

[235] Moore G, Samuel B. Editorial: Responsibility and Small business [J]. Journal of Business Ethics, 2006 (3): 219 – 226.

[236] Morsing M. Corporate Social Responsibility Across Europe [M]. Berlin: Springer, 2005.

[237] Murillo D, Lozano J F. SMEs and CSR: an approach to CSR in their own words [J]. Journal of Business Ethics, 2006 (3): 227 – 240.

[238] Müller M, Siebenhüner B. Policy instruments for sustainability – oriented organizational learning [J]. Business Strategy and the Environment, 2007 (16): 232 – 245.

[239] Nelson J, Zadek S. Partnership Alchemy – New Social Partnerships in Europe [M]. Copenhagen: The Copenhagen Centre, 2000.

[240] Orlitzky M, Benjamin J D. Corporate Social Performance and Firm Risk: A Meta – Analytic Review [J]. Business and Society, 2001 (7): 369 – 396.

[241] Parker C, Redmond J, Simpson M. Review of interventions to encourage SMEs to make environmental improvements [J]. Environment and Planning C: Government and Policy, 2009 (4): 279 – 301.

[242] Parker C M, Simpson M, Redmond J. A "tool kit" of interventions to encourage the adoption of environmental good practice by SMEs [C]. Durham: International Conference on Corporate Social Responsibility, 2008.

[243] Pätäri S, Arminen H, Tuppura A, Jantunen A. Competitive and responsible? The relationship between corporate social and financial performance in the energy sector [J]. Renewable and Sustainable Energy Reviews, 2014 (9): 142 – 154.

［244］ Patrycja Hibek. Evaluation of sustainability reporting practices in Poland ［J］. Quality & Quantity, 2014 （48）: 1739 – 1752.

［245］ Patten D. M. Exposure, legitimacy, and social disclosure ［J］. Journal of Accounting and Public Policy, 1991 （4）: 297 – 308.

［246］ Payne, S L, Calton J M. Towards a Managerial Practice of Stakeholder Engagement: Developing Multi – Stakeholder Learning Dialogues ［J］. Journal of Corporate Citizenship, 2002 （6）: 37 – 52.

［247］ Perrini F, Russo A, Tencati A. CSR strategies of SMEs and large firms. Evidence from Italy ［J］. Journal of Business Ethics, 2007 （74）: 3, 285 – 300.

［248］ Porter M E, Kramer M R. Strategy & Society: The Link between Competitive Advantage and Corporate Social Responsibility ［J］. Harvard Business Review, 2006 （12）: 78 – 92.

［249］ Preston L E, O'Bannon D P. The Corporate Social – Financial Performance Relationship: A Typology and Analysis ［J］. Business and Society, 1997 （4）: 419 – 429.

［250］ Putnam R D. What Makes Democracy Work? ［M］. Princeton: Princeton University Press, 1993.

［251］ Roberta Costa, Tamara Menichini. A Multidimensional Approach for CSR Assessment: The Importance of The Stakeholder Perception ［J］. Expert Systems with Applications, 2013 （1）: 150 – 161.

［252］ Robin W R. Determinants of Corporate Social Responsibility Disclosure: An Application of Stakeholder Theory ［J］. Accounting Organizations and Society, 1992 （8）: 595 – 612.

［253］ Rome N. The Implications of National Agendas for CSR ［A］ //A J Habisch, Jonker M Wegner, R. Schmidpeter. Corporate Social Responsibility Across Europe ［M］. Berlin: Springer, 2005.

［254］ Roome N. J. Corporate Environmental Responsiblity ［J］. Journal of Business Ethics, 1998 （5）.

［255］ S X Zeng, X D Xu, H T Yin, C M Tam. Factors that Drive Chinese Listed Companies in Voluntary Disclosure of Environmental Information ［J］. Journal of Business Ethics, 2012 （109）: 309 – 321.

［256］ Salamon L M. Market Failure, Voluntary Failure, and Third – Party Government: Toward a Theory of Government – Nonprofit Relations in the Modern Welfare State [J]. Nonprofit and Voluntary Sector Quarterly, 1987 (9): 29 – 50.

[257] Julian S, D Ofori – dankwa J C. Financial Resource Availability and Corporate Social Responsibility Expenditures in a Sub – Saharan Economy: The Institutional Difference Hypothesis [J]. Strategic Management Journal, 2013 (11): 1314 – 1330.

[258] Sharif M, Rashid K. Corporate Governance and Corporate Social Responsibility (CSR) Reporting: An Empirical Evidence from Commercial Banks (CB) of Pakistan [J]. Quality & Quantity, 2014 (5): 2501 – 2521.

[259] Sharma S, Starik D. Stakeholders, the environment and society [J]. Government and Opposition, 2002 (5): 385 – 408.

[260] Sharma S, Starik M. Stakeholders, the Environment and Society [M]. London: Edward Elgar Publishing, 2004.

[261] Sierra L, Zorio A, Garcia – Benau M A. Sustainable Development and Assurance of Corporate Social Responsibility Reports Published by lbex – 35 Companies [J]. Corporate Social Responsibility & Environmental, 2013 (6): 359 – 368.

[262] Spence L J. Does Size Matter? The State of the Art in Small Business Ethics [J]. Business Ethics: A European Review, 1999 (8): 163 – 174.

[263] Spence L J, and Lozano, J. F. Communicating about Ethics with Small Firms: Experiences from the U. K. and Spain [J]. Journal of Business Ethics, 2000 (27): 1, 43 – 53.

[264] Spence L J, Rutherfoord R. Small Business and Empirical Perspectives in Business Ethics: Editorial [J]. Journal of Business Ethics, 2003 (47): 1 – 5.

[265] Spence L J. Schmidpeter, R. SMEs social capital and the common good [J]. Journal of Business Ethics, 2003 (1): 93 – 108.

[266] Swanson D L. Addressing a Theoretical Problem by Reorienting the Corporate Social Performance Model [J]. The Academy of Management Review, 1995 (1): 43 – 64.

[267] Steurer R, Konrad A. Business – society relations in Central – Eastern and Western Europe: How those who lead in sustainability reporting bridge the gap in corporate (social) responsibility [J]. Scandinavian Journal of Management, 2009 (25): 23 – 36.

［268］Steurer R. The role of governments in corporate social responsibility: characterizing public policies on CSR in Europe ［J］. Policy Sciences, 2010, 43（1）: 49 –72.

［269］Studer S, Welford R, Hills P, Engaging Hong Kong businesses in environmental change: drivers and barriers ［J］. Business Strategy and the Environment, 2006（6）: 416 –431.

［270］Coombs T, Holladay S. CSR as Crisis Risk: Expanding How We Conceptualize the Relationship ［J］. Corporate Communications: An International Journal, 2015（7）: 144 –165.

［271］Tilley F. Small firm environmental ethics: how deep do they go ［J］. Business Ethics: A European Review, 2000（9）: 31 –41.

［272］Toprak P Z. Brundtland Report ［J］. Encyclopedia of Corporate Social Responsibility, 2013（1）: 548 –565.

［273］Vyakarnam S, Bailey A, Myers A, Burnett D. Towards an Understanding of Ethical Behaviour in Small Firms ［J］. Journal of Business Ethics, 1997（11）: 1625 –1636.

［274］Waddock S. Leading Corporate Citizens: Vision, Values, Value Added ［M］. Boston: MacGraw – Hill Irvin, 2002.

［275］Welford R. Corporate Social Responsibility in Europe, North America and Asia ［J］. Journal of Corporate Citizenship, 2005（17）: 33 –53.

［276］Weisheng Lu, Meng Ye, Roger Flanagan. Corporate Social Responsibility Disclosures in International Construction Business: Trends and Prospects ［J］. Journal of Construction Engineering and Management, 2015（7）: 1 –34.

［277］Williamson D, Lynch – Wood G, Ramsay J. Drivers of Environmental Behavior in Manufacturing SMEs and the Implications for CSR ［J］. Journal of Business Ethics, 2006（9）: 317 –330.

［278］Wood D J. Toward improving corporate social performance ［J］. Business Horizons, 1991（4）: 66 –73.

［279］Wulfson M. The Ethics of Corporate Social Responsibility and Philanthropic Venturesl ［J］. Journal of Business Ethics, 2001（1）: 135 –145.

［280］Xiaoying Wang. Governmental Function on Cultivating CSR—A Thinking on Loss of Truck Fence ［J］. International Journal of Business and Management,

2010, 5 (12): 162 – 170.

[281] Zhi Tang, Hull C E, Rothenberg S. How Corporate Social Responsibility Engagement Strategy Moderates the CSR – Financial Performance Relationship [J]. Journal of Management Studies, 2012 (7): 1274 – 1303.

[282] Zadek S, Sabapathy J, Dossing H, Swift T. Responsible Competitiveness: Corporate Responsibility Clusters in Action [J]. The Copenhagen Centre & Accountability, 2003 (3): 238 – 251.

[283] Zadek S. The Civil Corporation: The New Economy of Corporate Citizenship [M]. London: Earthscan, 2001.

[284] Zadek S. Third Generation Corporate Citizenship: Public Policy and Business in Society [M]. London: The Foreign Policy Centre and Account – Ability, 2001.

附录一 我国政府推进中小企业 社会责任建设问卷调查

尊敬的先生/女士：

您好！这是一份关于政府以何种角色采取何种政策或方式推进中小企业社会责任建设的调查问卷，调研取得的资料仅用于学术研究和政策咨询，请您根据单位的实际情况及您个人的实际感受作答。本人承诺绝对尊重贵单位的商业秘密和个人隐私，保证绝不公开单位和个人信息。您的作答对本书研究极为重要，敬请在最符合贵单位（个人）情况的选项后面打"√"，感谢您的大力支持！

填写问卷之前请先阅读以下说明：

本调查中所界定的企业社会责任是指通过透明和合乎道德的行为，组织为其决策和活动给社会和环境带来的影响承担的责任；这些透明和合乎道德的行为有助于可持续发展，包括健康和社会福祉，考虑利益相关方的期望，符合法律法规和国际行为规范，并将其融入整个组织，践行于各种管理之中。（ISO26000）

中小企业的"底线型"社会责任是企业最基础的责任，包括合法经营、保证产品质量、保证顾客的生命健康安全几个方面。中小企业对内部员工的社会责任是指企业需要保证员工的个人合法权利、在制定合理的薪资制度的基础上关心员工身心健康，为员工提供人性化的工作环境，为员工提供职业技能培训机会，鼓励员工兼顾生活和工作平衡等方面的责任。中小企业的"绿色发展"社会责任是指中小企业在经营过程中，在合法经营、保证产品质量的基础上，通过减少能源资源消耗，改善排污技术等手段减少对环境的损害；通过加大清洁能源、可再生能源的利用等手段加强对环境的保护。中小企业的社会责任理念是指中小企业对企业履行社会责任重要性的认知，采取的企业社会责任建设和管理方式，以及自身企业社会责任建设的投入程度。

政府推进企业社会责任建设是指政府通过承担不同的角色制定相应的政策，

以促进更多的中小企业履行不同层面企业社会责任。

　　企业所属行业：

　　企业所属地区：

　　企业员工规模：

　　企业创立时间：

　　企业社会责任建设现状：

　　A 具有企业社会责任意识

　　B 在经营中贯彻企业社会责任理念

　　C 设立企业社会责任预算

　　D 定期评价企业社会责任建设成果

一、政府以"执法者"角色，以严格的法规、高频率的检查、高处罚等措施督促中小企业履行"底线型"社会责任

1."执法者"角色的政策和行动	完全不同意	不同意	无所谓	同意	非常同意
1.1 政府中小企业社会责任建设政策颁布部门的权威性越高越有利于推进中小企业的"底线型"社会责任建设	1	2	3	4	5
1.2 政府设立以政府首脑为首的中小企业社会责任监管专职委员会能够推进中小企业的"底线型"社会责任建设	1	2	3	4	5
1.3 强化不同政府部门（市政部门、工商部门、税务部门等）联合执法能够推进中小企业的"底线型"社会责任建设	1	2	3	4	5
1.4 政府设立企业责任黑名单制度并定期公开企业社会责任建设情况能够推进中小企业的"底线型"社会责任建设	1	2	3	4	5
1.5 政府加强对违规企业的行政处罚力度（如吊销执照）能够推进中小企业的"底线型"社会责任建设	1	2	3	4	5
1.6 政府加强经济处罚力度能够推进中小企业的"底线型"社会责任建设	1	2	3	4	5
1.7 政府加强对中小企业主/管理者的违规追责力度能够推进中小企业的"底线型"社会责任建设	1	2	3	4	5
1.8 政府设立中小企业社会责任监督投诉电话能够推进中小企业的"底线型"社会责任建设	1	2	3	4	5

一、政府以"执法者"角色，以严格的法规、高频率的检查、高处罚等措施督促中小企业履行"底线型"社会责任

2. 政府"执法者"角色对以下不同类型中小企业"底线型"社会责任建设的影响程度	完全不同意	不同意	无所谓	同意	非常同意
2.1 依法纳税	1	2	3	4	5
2.2 保证生产卫生环境质量	1	2	3	4	5
2.3 保证消费者健康安全	1	2	3	4	5
2.4 保证员工的法定基本权益	1	2	3	5	5

二、政府以"管治者"角色，采取强化与中小企业的沟通协作，定期审查、提升对相关责任问题的回应性，与企业"荣辱与共"等政策和行动推进中小企业对内部员工的社会责任建设

1. "管治者"角色的政策和行动	完全不同意	不同意	无所谓	同意	非常同意
1.1 政府与企业协商制定企业对内部员工社会责任的内容和重点能够推进中小企业对内部员工的企业社会责任建设	1	2	3	4	5
1.2 政府与企业员工代表定期座谈沟通能够推进中小企业对内部员工的企业社会责任建设	1	2	3	4	5
1.3 政府与中小企业协会合作能够推进中小企业对内部员工的企业社会责任建设	1	2	3	4	5
1.4 政府与企业定期通报企业对内部员工企业社会责任的履行情况能够推进中小企业对内部员工的企业社会责任建设	1	2	3	4	5
1.5 政府与企业发表关于员工企业社会责任的共同承诺能够推进中小企业对内部员工的企业社会责任建设	1	2	3	4	5
1.6 政府设立网站建立"中小企业员工之家"等社会责任项目能够推进中小企业对内部员工的企业社会责任建设	1	2	3	4	5
2. 政府"管治者"角色对以下不同类型中小企业对内部员工社会责任建设的影响程度	完全不影响	不影响	无所谓	影响	显著影响
2.1 员工培训	1	2	3	4	5

续表

二、政府以"管治者"角色，采取强化与中小企业的沟通协作，定期审查、提升对相关责任问题的回应性，与企业"荣辱与共"等政策和行动推进中小企业对内部员工的社会责任建设

2. 政府"管治者"角色对以下不同类型中小企业对内部员工社会责任建设的影响程度	完全不同意	不同意	无所谓	同意	非常同意
2.2 员工创新激励	1	2	3	4	5
2.3 民族平等就业	1	2	3	4	5
2.4 减少性别歧视	1	2	3	4	5
2.5 依法合理执行劳动合同	1	2	3	4	5
2.6 不在结婚、怀孕、产期等原因辞退女性	1	2	3	4	5
2.7 员工待遇与企业竞争力同步提升	1	2	3	4	5
2.8 采取必要的措施评估和防止职业健康安全风险	1	2	3	4	5
2.9 鼓励文化的多源和包容性	1	2	3	4	5

三、政府以"规制者"角色，采取在制定基本规则的基础上加强与社会组织部门合作，激发市场对企业社会责任建设的需求，以财政、金融、经济、信誉等手段激励中小企业的绿色发展社会责任建设

1. "规制者"角色的政策和行动	完全不同意	不同意	无所谓	同意	非常同意
1.1 政府设立中小企业"绿色发展"责任奖等类似评奖机制能够推进中小企业的绿色发展社会责任建设	1	2	3	4	5
1.2 政府对采用绿色节能环保技术的中小企业进行财政补贴能够推进中小企业的绿色发展社会责任建设	1	2	3	4	5
1.3 政府加大对企业排污、资源能源消耗的收费力度能够推进中小企业的绿色发展社会责任建设	1	2	3	4	5
1.4 政府推行"责任采购"优先与负责任的中小企业发展合作关系能够推进中小企业的绿色发展社会责任建设	1	2	3	4	5
1.5 政府在自身的工作和行政过程中为中小企业树立绿色、节约、环保负责任的表率能够推进中小企业的绿色发展社会责任建设	1	2	3	4	5
1.6 政府和社会组织对中小企业进行企业社会责任建设知识和技能培训能够推进中小企业的绿色发展社会责任建设	1	2	3	4	5

三、政府以"规制者"角色，采取制定基本规则的基础上加强与社会组织部门合作，激发市场对企业社会责任建设的需求，以财政、金融、经济、信誉等手段激励中小企业的绿色发展社会责任建设

1. "规制者"角色的政策和行动	完全不同意	不同意	无所谓	同意	非常同意
1.7 政府与银行部门合作对履行绿色发展责任较好的中小企业实行融资、贷款等方面的金融优惠优先政策能够推进中小企业的绿色发展社会责任建设	1	2	3	4	5
1.8 政府与企业所在社区合作对履行绿色发展责任并达成良好效果的中小企业进行税费减免降低其经营成本能够推进中小企业的绿色发展社会责任建设	1	2	3	4	5

2. 政府"规制者"角色对以下不同类型中小企业绿色发展社会责任建设的影响程度	完全不影响	不影响	无所谓	影响	显著影响
2.1 识别污染源并评价对环境影响	1	2	3	4	5
2.2 减少污染排放	1	2	3	4	5
2.3 改善工艺流程、技术、设备和管理体系等方法提高排放标准	1	2	3	4	5
2.4 确立环境改善目标并定期评审	1	2	3	4	5
2.5 提高资源能源使用效率	1	2	3	4	5
2.6 尝试无污染、无危害的替代技术和替代材料	1	2	3	4	5
2.7 提高可再生能源和清洁能源的利用比例	1	2	3	4	5
2.8 在产品设计和服务模式创新方面注重环境保护和资源节约	1	2	3	4	5

四、政府以"组织者"角色，利用自身的资源和影响力为中小企业和社会组织、各方利益群体提供机会，使政府、企业和社会三方更好地参与到企业社会责任建设中，为中小企业履行社会责任营造良好的公共氛围，推动中小企业社会责任建设理念的不断提升

1. "组织者"角色的政策和行动	完全不同意	不同意	无所谓	同意	非常同意
1.1 政府鼓励企业与当地社区和各利益相关方之间建立公开、透明、基于对话和协商的沟通与参与机制能够推进中小企业的企业社会责任理念建设	1	2	3	4	5
1.2 政府与社区合作加强企业社会责任建设宣传能够推进中小企业的企业社会责任理念建设	1	2	3	4	5

四、政府以"组织者"角色,利用自身的资源和影响力为中小企业和社会组织、各方利益群体提供机会,使政府、企业和社会三方更好地参与到企业社会责任建设中,为中小企业履行社会责任营造良好的公共氛围,推动中小企业社会责任建设理念的不断提升

1. "组织者"角色的政策和行动	完全不同意	不同意	无所谓	同意	非常同意
1.3 政府与企业联合开展责任消费运动能够推进中小企业的企业社会责任理念建设	1	2	3	4	5
1.4 政府在市场中倡导企业社会责任投资能够推进中小企业的企业社会责任理念建设	1	2	3	4	5
1.5 政府组织企业和社会组织共同学习国外先进企业社会责任管理理论能够推进中小企业的企业社会责任理念建设	1	2	3	4	5
1.6 政府建立中小企业社会责任建设资源中心提供企业社会责任建设项目能够推进中小企业的企业社会责任理念建设	1	2	3	4	5
1.7 政府鼓励中小企业与慈善组织、环保组织加强合作能够推进中小企业的企业社会责任理念建设	1	2	3	4	5
2. 政府"组织者"角色对以下不同类型中小企业社会责任理念建设的影响程度	完全不影响	不影响	无所谓	影响	显著影响
2.1 实施企业社会责任战略	1	2	3	4	5
2.2 公平、诚信成为经营理念	1	2	3	4	5
2.3 参与促进企业社会责任建设的行业性或区域性组织	1	2	3	4	5
2.4 提供具有竞争优势的价格,也不会降低产品和服务的标准	1	2	3	4	5
2.5 建立与采购、销售、招投标等业务环节的诚信准则	1	2	3	4	5
2.6 反对和杜绝商业贿赂	1	2	3	4	5
2.7 评价合作关系中潜在的社会责任影响	1	2	3	4	5
2.8 在采购决策和营销实践中兼顾社会责任	1	2	3	4	5
2.9 反对并不进行虚假、误导性广告宣传	1	2	3	4	5

附录二　中国中小企业社会责任指南（第一版）

中小企业合作发展促进中心（中小企业全国理事会）

前　言

中小企业是推动经济和社会发展的重要力量，也是繁荣经济、增加就业、改善民生、推动创新的重要基础。我国中小企业占全国企业总数的99%以上，创造了约60%的经济总量、50%的财政税收，提供了近80%的城镇就业岗位，研发了60%以上的发明专利、75%以上的企业技术创新和80%以上的新产品。作为一个整体，中小企业对于经济、社会和环境的影响超过任何大型企业。中小企业切实履行社会责任，构建与利益相关方的和谐互动关系，既是提升企业品牌形象、内生竞争力和成长潜力的有效途径，也是我国加快转变经济发展方式、构建和谐社会，推进生态文明建设的稳固基石，对实现全面建成小康社会宏伟目标，实现中华民族伟大复兴的"中国梦"具有重要意义。

为使我国中小企业全面、科学、系统地理解社会责任，充分、有效、合理地开展社会责任管理实践活动，中小企业合作发展促进中心、中小企业全国理事会特组织制定本指南。本指南以科学发展观为指导，遵循理论和实际操作相结合的原则，立足于中小企业现实状况和发展规律，并以提升中小企业社会责任意识和能力水平为基本出发点和落脚点。在内容上，本指南以我国法律法规，批准、签署或加入的国际公约为基准，参考和借鉴了《ISO26000社会责任指南》《中国工业企业及工业协会社会责任指南》《CSC9000T中国纺织服装企业社会责任管理体系》等国际、国内社会责任标准体系，明确了中小企业应予遵行的社会责任行为准则，使之既顺应社会责任国际趋势，又符合我国中小企业的发展规律和现实需要。在方法上，本指南希望广大中小企业通过持续改进社会责任管理，从而有效提升其在尊重人权、关爱员工、保护环境、维护市场秩序、促进社区发展等领域的绩效，使这些积极因素转化为企业参与市场竞争的核心元素，提升自身和本地区、本行业的竞争力。

本指南在工业和信息化部相关司局的指导下，在中国工业经济联合会协调下，由中小企业合作发展促进中心、中小企业全国理事会组织相关专家起草。在起草制定过程中，中国纺织工业联合会、中国社会科学院工业经济研究所、国际劳工组织北京局等机构的领导和专家给予了大力支持。本指南由中小企业合作发展促进中心、中小企业全国理事会负责解释，并将随着中小企业社会责任理论和实践的发展适时进行修订。

目　录

一、适用说明

1. 适用主体

本指南适用于在我国依法设立的、根据《中小企业划型标准规定》（2011）（附件2）所划定的中型、小型和微型企业，而无论其所属行业、地区、所有制或法律组织形式。

2. 适用事项

本指南可供中小企业确立企业的社会责任履责战略和行为准则，建立、实施和改善社会责任管理，以及评价和通报社会责任绩效。

3. 与法律法规的关系

本指南不增加或改变中小企业的法律义务，也不赋予中小企业任何额外的法律权益；同时，中小企业可在满足法律法规要求的基础上，根据自身发展需要和本指南的原则，适用高于法律法规的社会责任要求。

4. 自愿性与开放性

本指南由中小企业根据自身需要自愿选择并加以应用，同时，本指南既可以单独适用，也可以与其他社会责任标准、准则或倡议同时适用。

二、术语和定义

1. 社会责任

通过透明和合乎道德的行为，组织为其决策和活动给社会和环境带来的影响承担的责任；这些透明和合乎道德的行为有助于可持续发展，包括健康和社会福祉，考虑利益相关方的期望，符合法律法规和国际行为规范，并将其融入整个组织，践行于各种管理之中。（ISO26000）

2. 利益相关方

在企业的决策或活动中有利益的个人或团体，包括员工、客户、消费者、供应商、政府机构、社会团体、各下属与分支机构、合作伙伴、投资人以及竞争者等。（ISO26000、CSC9000T）

3. 社会责任影响

可能发生的、全部或部分地由企业的组织、活动、产品或服务给利益相关方或者环境造成的任何有害或有利的变化。（ISO26000、CSC9000T）

4. 环境

企业运行所处的自然环境，包括空气、水、土地、自然资源、植物、动物、人和太空及其相互关系。（ISO26000）

5. 不正当竞争行为

企业等经营者违反竞争规范，损害其他经营者的合法权益，扰乱社会经济秩序的行为。（《中华人民共和国反不正当竞争法》）

6. 价值链

以产品和服务形式提供或获取价值的活动或参与方的序列。（ISO26000）

7. 可持续消费

使用服务以及相关产品以满足人类的基本需求，提高生活质量，同时使自然资源和有毒材料的使用量最少，使服务或产品的生命周期中所产生的废物和污染物最少，从而不危及后代的需求。（联合国环境规划署）

三、中小企业履责战略

1. 独特优势

与大型企业相比，中小企业具有以下各种有助履行社会责任的独特优势：

（1）中小企业的组织结构和决策程序比较简单、直接，能够更迅速地根据利益相关方的期望做出决策，并能更灵活地调整其经营策略和经营行为；

（2）中小企业长于学习，勤于创新，能更容易地接受新事物并通过创新回应新挑战，而且某些中小企业的产生和发展就是回应社会挑战的结果；

（3）中小企业的员工关系更为密切，较容易形成得到全体或多数员工支持的企业决策，以及营造获得普遍认同的企业文化；

（4）中小企业的利益相关方关系相对简单、明晰，其社会责任影响范围相对有限，能够更容易地集中资源处理优先事项。

2. 条件限制

与大型企业相比，中小企业认识和履行社会责任经常受到以下条件的限制：

（1）更为有限的财务、时间和人力资源，尤其缺乏稳定的高素质人力资源；

（2）在价值链中的位势较低，对利益相关方的影响力有限；

（3）更难获得外部资源，包括政策、资金和信息资源；

（4）中小企业发展变化更快且更缺乏确定性。

3. 履责战略

上述独特优势和条件限制决定了中小企业履行社会责任的战略思路：

（1）树立责任竞争力理念：中小企业应认识到许多社会责任实践并不必然产生高昂成本，反而可能帮助企业节省开支，增强生产力、盈利能力和竞争力；

（2）坚持业务相关性原则：中小企业应立足于对自身主要社会影响的识别和控制，并应将有限的企业资源优先用于与企业核心业务相关的社会责任议题；

（3）采取管理整合化措施：中小企业应注重发展出针对性的社会责任管理方案和措施，同时注意将其融入既有的管理体系和机制，做到管理最简化；

（4）致力共同倡议和集体行动：中小企业应积极倡导和参与中小企业间的社会责任共同倡议和集体行动，包括通过全国性、地区性和/或行业性的中小企业公共服务平台进行学习和交流，以及开展利益相关方沟通和参与。

四、中小企业社会责任

1. 责任管理

社会责任是现代企业管理的必要内涵，中小企业可通过强化企业文化、管理制度以及利益相关方沟通和参与制度，确保将社会责任理念和要求融入企业的管理系统，并通过不断改善企业管理持续改进社会责任绩效。同时，中小企业应致力于在管理、科技和商业模式等领域的自主创新和协作创新，以创新保障企业可持续的发展，并在发展中实现可持续的创新。

1.1 责任意识

1.1.1 中小企业最高管理者或决策者意识到社会责任和可持续发展对企业自身和利益相关方的重要性。

1.1.2 中小企业最高管理者或决策者承诺并支持将企业社会责任理念和议题融入企业管理。

1.1.3 中小企业最高管理者或决策者指定高级管理者负责协调和推进企业的社会责任工作。

1.1.4 参照本指南等文件确定企业的社会责任方针和/或行为准则。

1.2 责任能力

1.2.1 所有为企业工作的人员均理解社会责任的重要性和企业社会责任方针和/或行为准则的要求。

1.2.2 确保所有为企业工作的人员都具有与其职能相称的能力，必要时通过培训、调整人力资源等方式满足能力要求。

1.2.3 所有为企业工作的人员都能够有效识别工作中实际存在或潜在的社会责任影响并主动加以应对。

1.2.4 利用外部渠道和资源对为其工作的人员进行意识提升和能力建设，以减少内部管理投入。

1.3 持续改进

1.3.1 充分识别和评价与企业的业务、产品和服务密切相关的社会责任影响。

1.3.2 根据影响识别的结果制定直接、可行的应对或改进方案。

1.3.3 将确定的应对或改进方案融入有关部门和层次的职能、目标和工作流程。

1.3.4 适时评价应对或改进方案的合规性、有效性和经济可行性，并采取必要的改进措施。

1.3.5 将社会责任管理充分与企业现行管理体系相结合，做到管理最简化和效用最优化。

1.4 发展创新

1.4.1 以保障企业发展为基本目标，制定创新战略和研发管理体系。

1.4.2 确保必要的研发投入，促进企业管理、科学技术和商业模式等方面的创新。

1.4.3 与大学、科研机构或重要客户等开展联合研发，或在条件允许的情况下建立自有的技术或创新中心，提高自主创新与协作创新能力。

1.4.4 建立普及性与竞争性相结合的人才培养机制，强化员工岗位技能培训和技术人才培养。

1.4.5 建立和完善任用、考核与待遇相结合的创新激励体系，确保创新成果向生产力转化。

1.4.6 利用知识产权保护、标准化和公共服务等体系和平台保护和推广创新成果，促进企业发展的可持续性。

1.4.7 充分利用信息技术和信息资源，促进两化融合，优化业务模式和管理系统。

1.4.8 持续关注环境和社会发展等领域的新挑战、新需求及其商业机遇，并利用自身创新能力为其提供技术、产品和服务方面的解决方案。

1.5 信息沟通

1.5.1 根据业务、产品和服务的社会责任影响，有效地识别核心利益相关方。

1.5.2 建立利益相关方沟通和参与机制，及时、充分地回应利益相关方有关社会责任问题的质询。

1.5.3 在发生违反社会责任方针、准则或要求的情况下有效、迅捷地进行补救和纠正，包括改进管理制度。

1.5.4 建立定期和不定期的社会责任信息披露机制，对利益相关方关切的社会责任问题作出公开回应。

1.5.5 根据实际情况采取会谈、网站和社会责任报告等方式开展信息披露，其中，定期的社会责任报告是最为规范、全面和普遍的信息披露方式。

2. 员工责任

对于中小企业而言，员工作为人力资源是企业的核心资产，因此员工权益和发展是中小企业的首要责任，企业应在确保员工合法权益的基础上提升员工的忠诚度、专业技能、工作效率以及参与管理的主动性，促进员工与企业协同发展。

2.1 员工权益

2.1.1 防止因民族、种族、性别、宗教信仰、残疾等原因使员工在招用、培训、薪酬、福利、劳动条件、解聘和退休等方面受到歧视。

2.1.2 按照法律法规要求，在平等自愿、协商一致的基础上订立劳动合同或服务协议，并全面、诚信地履行合同或协议义务，以确保规范化、长期化的人力资源。

2.1.3 保证向员工提供不低于法律法规要求的工资和法定福利。

2.1.4 建立灵活、激励性的分配机制，以促进员工待遇与企业竞争力的同步提升。

2.1.5 遵守法律、法规有关工作时间和休息休假的要求。

2.1.6 采取措施提高生产效率，利用弹性工作制度等方法减少加班时间。

2.1.7 有效评估并采取必要措施防治工作场所的健康和安全风险，包括精神卫生和心理健康风险，为员工提供健康、安全，且有利于促进效率和创新的工作环境。

2.1.8 采取措施保证不招用未满16周岁或依法不可就业的未成年人，并建立和保持救济已被招用的此类未成年人的措施。

2.1.9 确保不以暴力、威胁、非法限制人身自由、扣减应得工资、减免法定福利等手段强迫或强制员工劳动或者遵从管理制度。

2.1.10 在工作场所预防和制止体罚、骚扰或虐待行为，包括性骚扰。

2.2 协同发展

2.2.1 鼓励企业文化的多元化和包容性，以提升员工的创造力和归属感。

2.2.2 建立和加强灵活、有效的沟通机制、协商机制和申诉机制，及时收集和处理员工的意见和建议。

2.2.3 及时、充分地与工会或员工代表进行平等协商，改善管理制度。

2.2.4 提供资源对员工进行技能培训或职业教育，不断提高员工业务素质和技能水平，促进员工与企业的同步成长。

2.2.5 丰富文化活动，鼓励员工发展个人兴趣。

2.2.6 关心员工家庭和生活压力，协助员工实现工作与生活的平衡。

3. 环境责任

虽然单个中小企业的环境影响可能比较有限，但是中小企业整体则会对环境产生根本性影响，因此，中小企业应从细微处着手，在经营活动、产品和服务的所有环节采取措施减少对环境的负面影响。

3.1 环境管理

3.1.1 识别出自身经营活动中的污染源并评价其对环境的影响。

3.1.2 根据法律法规和适用的标准要求对污染物的排放进行管理。

3.1.3 环境影响较大的中小企业可建立、实施、保持并改进环境管理体系，确立和评审环境目标、指标和实施结果，并可建立和实施环境保护责任制度。

3.1.4 在经济可行的情况下，通过改善工艺流程、技术、设备和管理体系等方法，逐步减少污染物排放，提高排放标准。

3.1.5 激励员工积极参与发掘改进企业环境绩效和环境管理的实用技术和低费方案，包括改进电器、办公耗材的使用以及废弃物的回收等。

3.1.6 积极与客户等利益相关方协商，采取措施降低彼此关系中负面的环境影响。

3.2 节能减排

3.2.1 致力于在经营活动中提高资源使用效率，最大限度地减少资源使用。

3.2.2 研究和利用无污染、无危害的替代技术和替代材料，增加对可再生、可循环资源的应用。

3.2.3 创新和改进产品设计和服务模式，包括产品包装、服务的能源消耗等，以实现整个产品生命周期和服务过程中的资源减量化使用和综合利用。

3.2.4 制定减排目标与行动方案，在工作安排、物流和交通等环节减少直接和间接的温室气体排放。

4. 市场责任

虽然中小企业之间竞争激烈，但实际上，有利成长的客户和消费者关系、促进合作的市场环境、鼓励竞争的公共政策是中小企业经营和发展的最佳条件，为此，中小企业应树立公平诚信的经营理念，通过与供应链上下游伙伴的合作关系以及与消费者之间的责任互动构建负责、共赢的价值链。

4.1 公平诚信

4.1.1 将公平诚信树立为企业治理和生产经营的核心理念，并建立机制，确保以此理念指导企业和为其工作的人员公平地参与市场活动。

4.1.2 积极参与促进公平、诚信的市场环境的行业性、地区性企业组织，通过各类组织倡导有利竞争的公共政策。

4.1.3 反对影响和限制公平交易的不正当竞争行为。

4.1.4 不捏造和散布影响市场竞争的虚假信息，不在享有局部市场优势的情况下操纵市场。

4.1.5 即使提供具有竞争优势的价格，也不降低产品和服务的标准，尤其是健康、安全标准。

4.1.6 建立与采购、销售、招投标等业务环节的诚信准则和内外部监督和审计制度，预防和惩治在商业关系和利益相关方关系中的商业贿赂和其他腐败行为。

4.1.7 在生产和经营的所有环节中尊重和保护他人所有的包括软件、广告文案等著作权，以及商标和专利等知识产权。

4.1.8 合理利用并严格保护客户信息和相关业务资料，避免不当披露，尤其是恶意的披露。

4.2 责任合作

4.2.1 充分了解合作关系中潜在的社会责任影响，并根据影响的性质和大小决定建立、维持、改变或终止合作关系。

4.2.2 在采购决策和营销实践中兼顾社会责任，包括选购环境友好及负责任的产品，以及向合作伙伴提供和推荐负责任的产品和服务。

4.2.3 利用多方对话、信息共享、共同行动等合作方法提高供应链各方的社会责任意识和能力。

4.3 消费关系

4.3.1 在产品和服务的设计、生产、销售过程中识别并严格遵守适用的健康和安全标准。

4.3.2 向消费者提供安全、健康的产品和服务，包括提供必要的安全使用指引、健康警示和安全标识。

4.3.3 在产品上或服务场所中向消费者提供完整、正确、清晰和便于比较的信息，包括产品和服务的性能与价格信息，以及消费者的权利和义务，协助其作出理性的消费选择。

4.3.4 尊重消费者的自由选择，避免强迫消费和不公平的消费条件。

4.3.5 不进行虚假、误导性或有损社会公德的广告和商业推广等活动。

4.3.6 了解消费者对产品和服务的意见和建议，提供适当的产品安装、保养、维修、技术支持和退换（包括召回）等售后服务。

4.3.7 建立有效的申诉途径，及时、公平地调查和处理消费者的赔偿请求。

4.3.8 对收集和使用的消费者信息，特别是可识辨身份的信息的必要性和范围进行严格限制，同时建立严格的制度保护已经获得的消费者个人信息。

4.3.9 向消费者推广或推荐对社会和环境负面影响更小的产品或服务。

4.3.10 利用产品和信息系统向消费者提供有关产品和服务的可持续性信息，并使消费者了解与产品和服务相关的可持续消费实践。

5. 社区责任

中小企业所在社区不仅是其赖以成长与发展的社会环境，而且能够为中小企业提供直接的商业机遇，因此，中小企业应结合自身优势和员工专长，策略性地运用内外部资源开展社区参与活动，以实现自身与当地社区的协同发展。

5.1 社区参与

5.1.1 与当地社区和各利益相关方之间建立公开、透明、基于对话和协商的沟通与参与机制。

5.1.2 持续、动态地评价企业的运营和决策对所在社区和各利益相关方权利的影响，并将必要的预防和补救措施纳入企业管理和经营决策。

5.1.3 在开展对社区影响较大的项目或经营活动时，及时、充分地征询和了解各利益相关方的意见和期望。

5.2 社区发展

5.2.1 根据企业的发展规划，扩大在当地的投资，吸收周边社区人员就业。

5.2.2 优先在当地进行采购和为当地提供产品和服务。

5.2.3 鼓励和组织员工开展志愿行动等融入当地社区的项目和活动。

5.2.4 利用业务能力和技术优势帮扶当地的妇女、儿童、残疾人等弱势群体。

5.2.5 在资源允许的条件下，利用自身业务能力和技术优势参与助困减灾、保护生态环境、促进社会发展的公益项目和社会活动。

附件1 中小企业社会责任基础自我评估表

使用说明

1. 本自我评估表的作用是帮助企业根据《中国中小企业社会责任指南》的要求，评估自身在社会责任方面的符合程度，以了解自身的社会责任绩效水平。

2. 自我评估结果可作为识别企业社会责任主要风险和挑战，确定近期社会责任工作的目标、改善方案和优先事项的基础参考。

3. 本自我评估表由三部分构成，分别列明自我评估企业的基础信息、自我评估的结果统计和依据《中国中小企业社会责任指南》的要求设定的120个自我评估问题（或指标）。

4. 企业在使用本自我评估表时，请根据自身实际情况如实选择"是"与"否"，或者在问题后的空格内填写相应答案。

5. 在每一部分问题的后面也设有统计表，请在空格内统计出相应部分中答案为"是"和"否"的问题的数目,最后请在"自我评估结果统计表"部分统计评估结果。回答为"是"的问题总计超过 100 个,可以认为企业具有良好的社会责任基础,可以朝着更高水准加以改善;回答为"是"的问题低于 70 个,说明企业的社会责任基础较差,需要全面的改善行动。

自我评估基础信息

评估负责人:	评估参与人:
评估开始日期:	评估用时:_____天
企业名称:	
企业地址:	
企业最近两年营业收入:	
主要产品和工艺:	
企业人员总数:	管理人员总数:

自我评估结果统计

序号	要求	回答为"是"的问题数目	回答为"否"的问题数目
1	责任管理		
2	员工责任		
3	环境责任		
4	市场责任		
5	社区责任		

回答为"是"和"否"的问题总数		

中国中小企业社会责任绩效自我评估问题与指标

1 责任管理

问题:	是	否
1.1 企业最高管理者或决策者是否意识到社会责任对企业的重要意义?	☐	☐
1.2 企业是否承诺和支持对企业社会责任影响的辨识和控制?	☐	☐
1.3 是否指定了高级管理者协调企业的社会责任工作?	☐	☐

续表

问题：	是	否
如果是，请注明其姓名与职位：		
1.4 是否制定和公布了社会责任方针和/或行为准则？	☐	☐
1.5 是否建立了必要的程序或制度来识别与企业业务、产品和服务密切相关的社会责任影响？	☐	☐
1.6 是否就识别出的社会责任影响制定了针对性的可行的应对方案？	☐	☐
1.7 是否将识别出的社会责任影响及应对方案融入了各个有关部门和层次的职能与工作目标？	☐	☐
1.8 社会责任管理是否与现有管理体系（如 ISO14000 等体系）相结合？	☐	☐
1.9 管理人员是否都了解与自己职责相联系的有关社会责任的要求？	☐	☐
1.10 是否向所有员工充分宣传了与其工作相关的社会责任方面的权利、职责和义务？	☐	☐
1.11 是否有充分规划和严格实施的面向员工的培训计划？	☐	☐
1.12 员工的培训计划和内容中是否有针对性的社会责任相关的内容？	☐	☐
1.13 企业是否充分了解创新对于企业的生存和成长的重要意义？	☐	☐
1.14 是否制定了创新战略和研发体系，并以保障企业发展为基本目标？	☐	☐
1.15 是否为促进在企业管理、科学技术和商业模式等方面的创新保证了必要的研发投入？	☐	☐
1.16 是否与大学、科研机构或重要客户等联合建立研发机构，或建立了企业自有的技术或创新中心？	☐	☐
1.17 是否建立了普及性与竞争性相结合的人才培养机制，并强化员工岗位技能培训和技术人才培养？	☐	☐
1.18 是否针对科研人员建立了任用、考核与待遇相结合的创新激励体系？	☐	☐
1.19 是否建立了机制促进创新成果向生产力的转化？	☐	☐
1.20 是否通过利用知识产权法律体系保护创新成果？	☐	☐
1.21 是否利用标准化体系保护和推广创新成果？	☐	☐
1.22 是否利用各种公共服务平台推广创新成果？	☐	☐
1.23 是否关注环境和社会发展等领域的新挑战和新需求，以刺激在技术、产品和服务方面的解决方案的创新？	☐	☐
1.24 与同类型企业相比，企业在管理和商业模式方面是否有创新领域？	☐	☐
1.25 最近一年是否获得过新的专利注册？	☐	☐

问题：	是	否
1.26 企业是否充分地识别出了外部的核心利益相关方？	☐	☐
如果是，请列举企业的核心利益相关方：		
1.27 是否根据不同的利益相关方建立了不同的沟通和参与机制？	☐	☐
1.28 是否建立了回应利益相关方质询的机制？	☐	☐
1.29 是否有调查社会责任问题、纠正和预防不符合社会责任要求的安排？	☐	☐
1.30 是否曾发布企业社会责任报告（或可持续发展报告）？	☐	☐
1.31 是否建立了其他定期和不定期的社会责任信息公开披露机制（如网站上的社会责任专栏、企业开放日、相关方会谈和包含社会责任内容的宣传册等）？	☐	☐
1.32 是否有对紧急情况和社会责任危机的应急准备和响应安排？	☐	☐
1.33 是否定期对企业社会责任管理体系进行内部评审？	☐	☐
1.34 企业高层管理者是否定期对企业社会责任管理体系进行管理评审？	☐	☐

回答为"是"和"否"的问题数目		

2 员工责任

问题：	是	否
2.1 企业是否保证员工不会基于民族、种族、性别、宗教信仰、残疾等原因而在招用、培训、薪酬、福利、劳动条件、解聘和退休等方面受到歧视？	☐	☐
2.2 在同等岗位，付出同等劳动，取得相同业绩的员工，无论其他条件，能否获得同等报酬？	☐	☐
2.3 是否与所有员工根据法律，在平等自愿、协商一致的基础上订立了劳动合同或服务协议？	☐	☐
2.4 劳动合同或服务协议是否包含了国家法律要求的所有条款？	☐	☐
2.5 是否收集了所有员工的个人基本资料？	☐	☐
2.6 企业是否保证不会仅以结婚、怀孕、产期、哺乳等原因辞退女性员工？	☐	☐
2.7 是否向员工提供不低于法律法规要求的工资和法定福利（包括社保）？	☐	☐
2.8 员工每月是否能够及时获得其所有薪酬和薪酬构成的说明？	☐	☐
2.9 分配机制是否具有激励性，以使得员工待遇与企业竞争力同步提升？	☐	☐
2.10 员工的工作时间（不含加班时间）是否符合法律规定？	☐	☐

续表

问题：	是	否
如果是，员工每周正常工作多少小时？	小时数：	
2.11 员工的加班时间是否符合法律规定？？	□	□
如果是，员工每月最少的加班小时数是多少？	小时数：	
2.12 是否采取了提高生产效率，以减少加班时间的措施？	□	□
2.13 员工加班是否能够按国家法律规定得到额外的加班报酬？	□	□
2.14 是否评估并采取必要措施评估并防治工作场所的健康和安全风险？	□	□
2.15 所有员工是否都了解各自工作所承担的职业健康与安全的风险以及相关的预防措施？	□	□
2.16 是否定期对员工进行传染病、艾滋病和其他流行性疾病的宣传和预防培训？	□	□
2.17 生产、生活场所是否配备了充足、可用的消防设施？	□	□
2.18 是否每年至少进行两次消防演练？	□	□
2.19 是否存在有效地预防和控制危险化学品、用电、机械、食品等安全危害的制度和措施？	□	□
2.20 是否未招用未满16周岁或依法不可就业的未成年人？	□	□
2.21 是否建立了救济已被招用的此类未成年人（童工）的措施？	□	□
2.22 在招用员工时，确保不向员工收取财物（如押金）或者扣押其身份证件或其他证件？	□	□
2.23 是否确保不以暴力、威胁、非法限制人身自由、扣减应得工资、减免法定福利等手段强迫或强制员工劳动或者遵从管理制度？	□	□
2.24 是否建立了工作场所预防和制止体罚、骚扰或虐待行为，包括性骚扰的制度和措施？	□	□
2.25 是否鼓励企业文化的多元化和包容性？	□	□
2.26 是否建立了灵活、有效的沟通机制、协商机制和申诉机制，以便及时收集和处理员工的意见和建议？	□	□
2.27 是否建立了与工会或员工代表进行平等协商的制度？	□	□
2.28 是否向员工提供提高业务素质和技能水平的技能培训或职业教育？	□	□
2.29 是否开展企业文化活动，鼓励员工发展个人兴趣？	□	□
2.30 是否建立了制度和措施关心员工家庭和生活压力？	□	□
回答为"是"和"否"的问题数目		

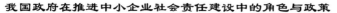

续表

3 环境责任

问题：	是	否
3.1 是否识别出了企业经营活动中的污染源并评价了其对环境的影响？	☐	☐
3.2 根据法律法规和适用的标准要求对污染物的排放进行管理？	☐	☐
3.3 是否对所有员工进行环境保护和节能减排的知识和技能培训和宣传？	☐	☐
3.4 是否通过改善工艺流程、技术、设备和管理体系等方法，逐步减少污染物排放量，提高排放标准？	☐	☐
3.5 是否鼓励员工积极参与发掘改进企业环境绩效和环境管理的实用技术和低费方案？	☐	☐
3.6 是否建立和实施了环境管理体系（如 ISO14000）？	☐	☐
3.7 是否确立和评审（季度、年度的）环境目标、指标和实施结果？	☐	☐
3.8 是否积极与客户等利益相关方协商降低彼此关系中负面的环境影响（如减少旅行，利用信息系统等）？	☐	☐
3.9 是否利用各种方法在经营活动中提高资源使用效率，最大限度地减少资源（如水、电和汽等）的使用？	☐	☐
3.10 是否对工作和生活中产生的废弃物进行再利用和资源化（如回收）？	☐	☐
3.11 是否在利用或尝试利用无污染、无危害的替代技术和替代材料？	☐	☐
3.12 是否在产品设计和服务模式等方面进行创新和改进（如产品包装、服务能耗等），以实现资源减量和综合利用？	☐	☐
3.13 是否制定了减排目标与行动方案，在工作安排、物流和交通等环节减少直接和间接的温室气体排放？	☐	☐
3.14 企业的新、改、扩建项目是否进行了环境影响评价，并确保建设项目中的防治污染措施的"三同时"？	☐	☐
3.15 企业的工业增加值以及单位产出能耗量是否在降低中？	☐	☐
3.16 最近一年没有因为环境责任受到法律制裁、投诉或公众抗议？	☐	☐
回答为"是"和"否"的问题数目		

4 市场责任

续表

问题：	是	否
4.1 公平、诚信是否企业治理和生产经营的核心理念？	☐	☐
4.2 是否建立了制度（培训、沟通和奖惩等），以确保为企业工作的人员以公平、诚信的理念参与市场竞争？	☐	☐
4.3 是否参与了促进公平、诚信的市场环境的行业性或地区性企业组织？	☐	☐
4.4 是否支持和倡导竞争性的公共政策，以及统一、开放、竞争、有序的市场体系？	☐	☐
4.5 反对并不参与进行市场垄断和其他限制公平交易的不正当竞争行为？	☐	☐
4.6 反对并不捏造和散布影响市场竞争的虚假信息，或在享有局部市场优势的情况下操纵市场？	☐	☐
4.7 即使提供具有竞争优势的价格，也不会降低产品和服务的标准，尤其是健康、安全标准？	☐	☐
4.8 是否建立了与采购、销售、招投标等业务环节的诚信准则和内外部监督和审计制度？	☐	☐
4.9 是否在企业政策和制度上预防和惩治商业关系和利益相关方关系中的商业贿赂和其他腐败行为？	☐	☐
4.10 是否在生产和经营的所有环节中尊重和保护他人所有的包括软件、广告文案等著作权，以及商标和专利等知识产权？	☐	☐
4.11 是否建立了制度严格保护客户信息和相关业务资料，以避免造成影响竞争关系的不当披露？	☐	☐
4.12 在经营理念上致力于建立持续、稳定和低风险的供应链合作关系？	☐	☐
4.13 是否建立制度，充分了解并评价合作关系中潜在的社会责任影响，并根据影响的性质和大小决定建立、维持、改变或终止合作关系？	☐	☐
4.14 是否在其采购决策和营销实践中兼顾社会责任（如选购环境友好及责任的产品，向合作伙伴提供和推荐负责任的产品和服务等）？	☐	☐
4.15 是否与上下游合作伙伴建立有效的社会责任议题沟通机制，利用对话、信息共享、共同行动等方式提高供应链各方的社会责任意识和能力？	☐	☐
4.16 最近一年没有因为供应链关系中的公平、诚信问题而招致法律制裁？	☐	☐
4.17 是否在产品和服务的设计、生产、销售过程中识别和遵守适用的健康和安全标准，包括提供必要的安全使用指引、健康警示和安全标识？	☐	☐
4.18 是否在产品上或服务场所中向消费者提供完整、正确、清晰和便于比较的信息（包括产品和服务的性能与价格信息，以及消费者的权利和义务）？	☐	☐
4.19 是否采取措施提高消费者对企业的认可度和忠实度？	☐	☐
4.20 是否反对并预防强迫消费和不公平的消费条件（如霸王条款）？	☐	☐

问题：	是	否
4.21 反对并不进行虚假、误导性或有损社会公德的广告和商业推广活动？	☐	☐
4.22 是否建立了渠道以充分了解消费者对产品和服务的意见和建议？	☐	☐
4.23 是否提供适当的产品安装、保养、维修、技术支持和退换（包括召回）等售后服务？	☐	☐
4.24 是否向消费者提供有效的申诉途径，并及时、公平地调查和处理消费者的赔偿请求？	☐	☐
4.25 是否对收集和使用的消费者信息，特别是可识辨身份的信息的必要性和范围进行了严格的限制？	☐	☐
4.26 是否有制度严格保护已经获得的消费者个人信息？	☐	☐
4.27 是否向消费者推广或推荐对社会和环境负面影响更小的产品或服务（如公平贸易产品、生态或环境友好的服务等）？	☐	☐
4.28 是否利用产品和信息系统向消费者提供有关产品和服务的可持续性信息，及时、充分地说明产品对环境和社会的影响？	☐	☐
4.29 是否采取措施使消费者了解与产品和服务相关的可持续消费方法？	☐	☐
4.30 最近一年没有因为消费者关系问题受到法律制裁或公众抗议？	☐	☐
回答为"是"和"否"的问题数目		

5 社区责任

问题：	是	否
5.1 是否与当地社区和各利益相关方之间建立公开、透明、基于对话和协商的沟通与参与机制？	☐	☐
5.2 这些机制是否能够帮助企业及时、充分地征询和了解到各利益相关方的意见和期望？	☐	☐
5.3 是否持续地评价企业的运营和决策对所在社区和各利益相关方的影响？	☐	☐
5.4 是否将必要的有关上述影响的预防和补救措施纳入管理和经营决策？	☐	☐
5.5 根据企业的发展规划，是否将持续扩大在当地的投资？	☐	☐
5.6 企业是否在政策上倾向于并在实际上主要雇用当地人员？	☐	☐

续表

问题：	是	否
5.7 是否优先在当地进行采购和为当地提供产品和服务？	☐	☐
5.8 是否鼓励和组织员工开展志愿活动等融入当地社区的活动？	☐	☐
5.9 是否利用企业的业务能力和技术优势帮扶当地的妇女、儿童、残疾人等弱势群体？	☐	☐
5.10 是否力所能及地参与助困减灾、保护生态环境等公益活动？	☐	☐
回答为"是"和"否"的问题数目		

附件 2 中小企业划型标准规定（2011）

一、根据《中华人民共和国中小企业促进法》和《国务院关于进一步促进中小企业发展的若干意见》（国发〔2009〕36号），制定本规定。

二、中小企业划分为中型、小型、微型三种类型，具体标准根据企业从业人员、营业收入、资产总额等指标，结合行业特点制定。

三、本规定适用的行业包括：农、林、牧、渔业，工业（包括采矿业，制造业，电力、热力、燃气及水生产和供应业），建筑业，批发业，零售业，交通运输业（不含铁路运输业），仓储业，邮政业，住宿业，餐饮业，信息传输业（包括电信、互联网和相关服务），软件和信息技术服务业，房地产开发经营，物业管理，租赁和商务服务业，其他未列明行业（包括科学研究和技术服务业，水利、环境和公共设施管理业，居民服务、修理和其他服务业，社会工作，文化、体育和娱乐业等）。

四、各行业划型标准为：

（一）农、林、牧、渔业。营业收入20000万元以下的为中小微型企业。其中，营业收入500万元及以上的为中型企业，营业收入50万元及以上的为小型企业，营业收入50万元以下的为微型企业。

（二）工业。从业人员1000人以下或营业收入40000万元以下的为中小微型企业。其中，从业人员300人及以上，且营业收入2000万元及以上的为中型企业；从业人员20人及以上，且营业收入300万元及以上的为小型企业；从业人员 20 人以下或营业收入 300 万元以下的为微型企业。

（三）建筑业。营业收入 80000 万元以下或资产总额 80000 万元以下的为中小微型企业。其中，营业收入 6000 万元及以上，且资产总额 5000 万元及以上的为中型企业；营业收入 300 万元及以上，且资产总额 300 万元及以上的为小型企业；营业收入 300 万元以下或资产总额 300 万元以下的为微型企业。

（四）批发业。从业人员 200 人以下或营业收入 40000 万元以下的为中小微型企业。其中，从业人员 20 人及以上，且营业收入 5000 万元及以上的为中型企业；从业人员 5 人及以上，且营业收入 1000 万元及以上的为小型企业；从业人员 5 人以下或营业收入 1000 万元以下的为微型企业。

（五）零售业。从业人员 300 人以下或营业收入 20000 万元以下的为中小微型企业。其中，从业人员 50 人及以上，且营业收入 500 万元及以上的为中型企业；从业人员 10 人及以上，且营业收入 100 万元及以上的为小型企业；从业人员 10 人以下或营业收入 100 万元以下的为微型企业。

（六）交通运输业。从业人员 1000 人以下或营业收入 30000 万元以下的为中小微型企业。其中，从业人员 300 人及以上，且营业收入 3000 万元及以上的为中型企业；从业人员 20 人及以上，且营业收入 200 万元及以上的为小型企业；从业人员 20 人以下或营业收入 200 万元以下的为微型企业。

（七）仓储业。从业人员 200 人以下或营业收入 30000 万元以下的为中小微型企业。其中，从业人员 100 人及以上，且营业收入 1000 万元及以上的为中型企业；从业人员 20 人及以上，且营业收入 100 万元及以上的为小型企业；从业人员 20 人以下或营业收入 100 万元以下的为微型企业。

（八）邮政业。从业人员 1000 人以下或营业收入 30000 万元以下的为中小微型企业。其中，从业人员 300 人及以上，且营业收入 2000 万元及以上的为中型企业；从业人员 20 人及以上，且营业收入 100 万元及以上的为小型企业；从业人员 20 人以下或营业收入 100 万元以下的为微型企业。

（九）住宿业。从业人员 300 人以下或营业收入 10000 万元以下的为中小微型企业。其中，从业人员 100 人及以上，且营业收入 2000 万元及以上的为中型企业；从业人员 10 人及以上，且营业收入 100 万元及以上的为小型企业；从业人员 10 人以下或营业收入 100 万元以下的为微型企业。

（十）餐饮业。从业人员 300 人以下或营业收入 10000 万元以下的为中小微型企业。其中，从业人员 100 人及以上，且营业收入 2000 万元及以上的为中型企业；从业人员 10 人及以上，且营业收入 100 万元及以上的为小型企业；从业人员 10 人以下或营业收入 100 万元以下的为微型企业。

（十一）信息传输业。从业人员 2000 人以下或营业收入 100000 万元以下的为中小微型企业。其中，从业人员 100 人及以上，且营业收入 1000 万元及以上的为中型企业；从业人员 10 人及以上，且营业收入 100 万元及以上的为小型企业；从业人员 10 人以下或营业收入 100 万元以下的为微型企业。

（十二）软件和信息技术服务业。从业人员 300 人以下或营业收入 10000 万元以下的为中小微型企业。其中，从业人员 100 人及以上，且营业收入 1000 万元及以上的为中型企业；从业人员 10 人及以上，且营业收入 50 万元及以上的为小型企业；从业人员 10 人以下或营业收入 50 万元以下的为微型企业。

（十三）房地产开发经营。营业收入 200000 万元以下或资产总额 10000 万元以下的为中小微型企业。其中，营业收入 1000 万元及以上，且资产总额 5000 万元及以上的为中型企业；营业收入 100 万元及以上，且资产总额 2000 万元及以上的为小型企业；营业收入 100 万元以下或资产总额 2000 万元以下的为微型企业。

（十四）物业管理。从业人员 1000 人以下或营业收入 5000 万元以下的为中小微型企业。其中，从业人员 300 人及以上，且营业收入 1000 万元及以上的为中型企业；从业人员 100 人及以上，且营业收入 500 万元及以上的为小型企业；从业人员 100 人以下或营业收入 500 万元以下的为微型企业。

（十五）租赁和商务服务业。从业人员 300 人以下或资产总额 120000 万元以下的为中小微型企业。其中，从业人员 100 人及以上，且资产总额 8000 万元及以上的为中型企业；从业人员 10 人及以上，且资产总额 100 万元及以上的为小型企业；从业人员 10 人以下或资产总额 100 万元以下的为微型企业。

（十六）其他未列明行业。从业人员 300 人以下的为中小微型企业。其中，从业人员 100 人及以上的为中型企业；从业人员 10 人及以上的为小型企业；从业人员 10 人以下的为微型企业。

五、企业类型的划分以统计部门的统计数据为依据。

六、本规定适用于在中华人民共和国境内依法设立的各类所有制和各种组织形式的企业。个体工商户和本规定以外的行业，参照本规定进行划型。

七、本规定的中型企业标准上限即为大型企业标准的下限，国家统计部门据此制定大中小微型企业的统计分类。国务院有关部门据此进行相关数据分析，不得制定与本规定不	致的企业划型标准。

八、本规定由工业和信息化部、国家统计局会同有关部门根据《国民经济行业分类》修订情况和企业发展变化情况适时修订。

九、本规定由工业和信息化部、国家统计局会同有关部门负责解释。

十、本规定自发布之日起执行，原国家经贸委、原国家计委、财政部和国家统计局 2003 年颁布的《中小企业标准暂行规定》同时废止。